CARTOGRAFIA
dos afetos

KARINA VIEIRA E GABI OLIVEIRA

CARTOGRAFIA
dos
afetos

Uma conversa sobre
vivências, descobertas e
os caminhos do autoamor

Copyright © 2022 by Karina Vieira e Gabi Oliveira

O selo Fontanar foi licenciado para a Editora Schwarcz S.A.

Grafia atualizada segundo o Acordo Ortográfico da Língua Portuguesa de 1990, que entrou em vigor no Brasil em 2009.

CAPA Jordana Alves
PREPARAÇÃO Beatriz Antunes
REVISÃO Gabriele Fernandes, Jane Pessoa e Natália Mori

Dados Internacionais de Catalogação na Publicação (CIP)
(Câmara Brasileira do Livro, SP, Brasil)

Vieira, Karina
  Cartografia dos afetos : Uma conversa sobre vivências, descobertas e os caminhos do autoamor / Karina Vieira, Gabi Oliveira. — 1ª ed. — São Paulo : Fontanar, 2022.

  ISBN 978-65-84954-02-1

  1. Afeto (Psicologia) 2. Autoajuda 3. Autoconhecimento 4. Desenvolvimento pessoal 5. Mulheres negras – Brasil 6. Podcast (Redes sociais on-line) 7. Sentimentos I. Oliveira, Gabi. II. Título.

22-120385 CDD-152.4

Índice para catálogo sistemático:
1. Afetividade : Psicologia 152.4

Aline Graziele Benitez – Bibliotecária – CRB-1/3129

[2022]
Todos os direitos desta edição reservados à
EDITORA SCHWARCZ S.A.
Rua Bandeira Paulista, 702, cj. 32
04532-002 — São Paulo — SP
Telefone: (11) 3707-3500
facebook.com/Fontanar.br
instagram.com/editorafontanar

Para as pessoas negras que vieram antes e para as que virão depois. As nossas vozes e vidas são presentes. Por todas as vezes que subvertemos a lógica e fomos além do que era esperado de nós.

SUMÁRIO

É INTERNO O MAIOR LABIRINTO

1. Síndrome da Impostora 11
2. O poder da vulnerabilidade 30
3. Insegurança 42
4. Amor 50
5. Prazer 58

RELACIONAMENTOS

6. Mulheres se resumem aos seus relacionamentos? 67
7. Solidão 74
8. Responsabilidade afetiva 80
9. Amizade 87

RELAÇÕES RACIAIS

10. Auto-ódio 95
11. Relações inter-raciais 106
12. Colorismo 116
13. Leituras descolonizadas 128
14. Masculinidades: Precisamos conversar com
    os homens? 139

SAÚDE MENTAL

15. Terapia e saúde mental 155
16. Ansiedade............................... 162
17. O que realmente vale a pena 168
18. Rompendo ciclos familiares 175

PROJETANDO FUTUROS

19. Escrevivências 187
20. Proteja seus sonhos 193

AGRADECIMENTOS 199
REFERÊNCIAS BIBLIOGRÁFICAS 201

É INTERNO
O MAIOR LABIRINTO

I

SÍNDROME DA IMPOSTORA

Você tem o costume de rejeitar elogios? Já sentiu que tudo o que conquistou foi por sorte? Tem a sensação persistente de que a qualquer momento será desmascarada como uma impostora e que ocupa um lugar que não merece?

Se você se sente assim, é provável que sofra da Síndrome da Impostora. É como psicólogos normalmente se referem à forte crença de que, se você chegou aonde chegou, não foi devido às suas habilidades nem ao seu trabalho, mas à sorte ou à ingenuidade daqueles que acreditaram na suposta mentira de que você é boa no que faz. A síndrome também é caracterizada pela sensação constante de inadequação e falta de pertencimento, que leva a pessoa a se ver como uma fraude.

De acordo com a psicóloga Pauline Clance, que cunhou o termo em seu livro (ainda sem tradução no Brasil) *The Impostor Phenomenon: Overcoming the Fear that Haunts Your Success* [Fenômeno do impostor: Superando o medo que assombra o seu sucesso], a pessoa que sofre dessa síndrome apresenta algumas destas características:

1. Acredita que o círculo vicioso a que se submete para conquistar seus objetivos (representado no esquema abaixo) é o único caminho para a felicidade.

Como Realização, Felicidade e Reconhecimento vêm imediatamente depois das etapas Medo, Procrastinação, Trabalho Duro e Estresse, a pessoa passa a acreditar que para ter sucesso precisa sempre recriar o ambiente de angústia e exaustão anterior. Assim, e apesar do alto custo emocional, o ciclo é repetido todas as vezes que tenta realizar algo.
2. Deseja ser reconhecida como um gênio em potencial, alguém destacado dos demais. Ao analisar a infância de alguns desses pacientes, a psicóloga estadunidense afirma que uma característica está presente na maioria dos casos: desde pequenas, as pessoas com a síndrome precisavam se provar boas o tempo inteiro para conseguir a aprovação de familiares e amigos.
3. Ser perfeccionista é uma marca da síndrome. Uma mulher que sofre desse transtorno recorre com frequência à fantasia da supermulher, tornando-se pouco tolerante com as próprias falhas e com as dos outros.

4. Tem muito medo de errar, mas não só isso: teme também ser humilhada e fantasia com o momento em que será desmascarada em público.
5. Nega a sua própria competência e se blinda contra as evidências que atestam a sua capacidade. Associa o sucesso a fatores externos, jamais aos próprios esforços.
6. Tem pavor do sucesso e sente culpa quando o alcança. Embora as mulheres queiram ter êxito no que fazem, temem que a boa performance no trabalho afete sua relação com os homens. Segundo o estereótipo que as lentes da síndrome deixam facilmente passar como se fosse verdade absoluta, os homens se sentem ameaçados por mulheres bem-sucedidas e as enxergam como pouco femininas.

Pauline Clance afirma ainda que, embora as mulheres não sejam as únicas acometidas pela síndrome, são a maioria. Mas não se trata apenas de uma questão de gênero; raça e outras características e identidades que configuram grupos minoritários também entram na conta. Por isso, homens brancos sofrem menos dessa condição do que homens negros ou indígenas, e mulheres negras conhecem com mais frequência o ciclo de autodesconfiança e autonegação do que mulheres brancas.

Todo mundo está sujeito a duvidar da própria competência de vez em quando, mas uma mulher é exposta a esse sentimento de inadequação com muito mais regularidade do que os homens, e nas mais diversas situações. Algumas já se cansaram de ouvir que seu trabalho não é "coisa de mulher", outras convivem com aquele colega de escritório que insiste em explicar o que elas acabaram de dizer. A sociedade em geral duvida da competência da mulher e não dá valor a suas realizações. Esse cenário leva as próprias mulheres a duvidarem de si mesmas. E as mulheres negras, ainda mais.

O racismo dificulta — e até mesmo impede — o sucesso de pessoas negras, e as conquistas vão se tornando muito isoladas, tidas como exceções à regra (do fracasso). O avanço de uma mulher negra é tantas vezes impedido, cerceado e questionado que ela passa a acreditar que não alçou lugares mais altos ou recompensas mais justas por seu trabalho porque não era boa o bastante. Esse problema é sentido como uma questão individual, como uma falha de quem sofre o preconceito, e não o contrário.

Hoje em dia é mais fácil encontrar espaços que se dedicam a mostrar que esse sentimento de inadequação pessoal é fruto de uma estrutura racista. Uma busca rápida pela internet leva a fóruns, grupos de discussão e até hashtags que abordam essa questão. Mas nem sempre foi assim. Muitas mulheres negras que se sentiram inadequadas ao longo de toda a vida por muito tempo se viram sozinhas com o sentimento de que não passavam de impostoras. Nós mesmas só tínhamos ouvido falar dessa síndrome nas redes, mas não sabíamos bem do que se tratava. Foi a partir de um vídeo que descobrimos que já havíamos passado por isso, duvidando da nossa capacidade de criar conteúdo digital relevante, por exemplo. Para ilustrar essa descoberta, vamos contar um caso.

Estava prestes a acontecer um evento interessantíssimo em São Paulo e queríamos muito participar como palestrantes. Não fomos convidadas, mas como tínhamos números muito superiores aos de alguns influenciadores que foram, achamos que nossa solicitação seria atendida. Não foi. Segundo os organizadores, nosso canal não era relevante o suficiente para o evento, o que nos deixou confusas e, claro, tristes.

Tempos depois, ainda tentando entender o que tinha acontecido e por que havíamos nos sentido tão mal, fomos estudar a tal Síndrome da Impostora de que tanto ouvíamos falar. Foi um alívio tremendo descobrir que não éramos as únicas a lidar com esse sentimento; outras influenciadoras digitais negras também percebiam o racismo que atrapalhava a recepção do seu trabalho.

Chamamos de racismo algorítmico o mecanismo que leva à discriminação do conteúdo, em especial as imagens, de pessoas negras, indígenas ou asiáticas. Plataformas como Instagram e Twitter não entregam ao público-alvo postagens produzidas por esses criadores, que portanto não conseguem crescer de forma orgânica nem atingir números considerados expressivos pelo mercado. Consequentemente, não são reconhecidos pelas marcas para fazer publicidade e acabam invisibilizados.

No meio digital, é o algoritmo que dita o que o usuário recebe. Agora pensa só: se os profissionais de tecnologia que constroem esses algoritmos são em sua maioria brancos e heterossexuais, é evidente que os próprios algoritmos criados por eles e que ditam as redes sociais serão atravessados pelo viés do homem hétero branco que não conhece a diversidade. Tudo está interligado.

Mas o viés da branquitude estava também no que se produzia *sobre* a síndrome. Ao acessar inúmeras matérias e trabalhos que tratavam do tema, não demoramos a perceber que o recorte de gênero era o único levado a sério por quem falava do fenômeno da impostora; todos concordavam que as mulheres eram mais suscetíveis a conviver com a síndrome — mas e as mulheres *negras*?

Nossa resposta foi produzir um vídeo sobre isso. É legal saber que, ainda hoje, passados mais de cinco anos, ele continua sendo exibido, compartilhado e comentado, o que mostra o quanto o assunto é relevante. No vídeo, falamos sobre como a raça é um fator determinante para o sentimento de inadequação, de não se sentir merecedora, de temer que a qualquer momento alguém descubra que você é uma farsa ou que tudo o que construiu está em risco permanente e pode desaparecer da noite para o dia. Os argumentos que apresentamos nesse vídeo acrescentam ainda uma outra camada à discussão, porque mostram que os homens negros também se sentem impostores. Ao contrário dos brancos, que nunca são questionados por suas opiniões e ações, o homem negro sempre precisa responder, provar e mostrar que é capaz para ser respeitado.

Sentir-se incapaz, achar que não pertence a certos lugares e grupos e lidar com a insegurança extrema que homens negros e mulheres negras sentem nas mais variadas situações da vida cotidiana podem levar a bloqueios criativos. Como nós, pode ser que você produza textos e outros conteúdos, digitais ou não, tenha estudado os assuntos que gostaria de abordar, tenha qualificação para tratar deles nas redes, mas, ainda assim, duvida da própria capacidade de criar algo relevante. Bate aquela ansiedade incapacitante, um ódio de si mesma, e pronto: você "resolve" que é uma fraude.

O impacto da Síndrome da Impostora em mulheres negras foi abordado no livro *Minha história*, autobiografia de Michelle Obama. A autora, única primeira-dama negra na história dos Estados Unidos até hoje, descreve três períodos da sua trajetória: a filha, irmã e estudante que ainda não conhecia Barack Obama; em seguida, ele como seu estagiário num escritório de advocacia; e finalmente a Michelle primeira-dama, já na Casa Branca. Ela relata que também foi acometida pela Síndrome da Impostora, o que nos surpreendeu, pois nunca poderíamos supor que uma das mulheres negras mais poderosas do mundo tivesse isso em comum com a gente: dúvidas e questionamentos saídos diretamente da negação da própria competência.

Em uma passagem reveladora de como o racismo é um componente que transforma a Síndrome da Impostora em algo ainda mais doloroso, Michelle conta que em uma reunião com seu orientador vocacional, uma figura-chave que tem o dever de auxiliar os estudantes a trilhar os melhores caminhos para alcançar seus objetivos acadêmicos, ele foi taxativo ao afirmar que ela não era boa o suficiente para entrar em uma universidade de elite. Sua reação poderia ter sido desistir, mas ela afirma que essa fala foi como um motor propulsor que, junto com a raiva por se ver enredada num estigma racial de inferioridade, fez com que ela se formasse não em uma, mas em duas das maiores universidades dos Estados Unidos, Princeton e Harvard.

Como nem tudo são flores, no processo de permanência dentro da universidade foram várias as vezes que ela se sentiu uma impostora, com a falsa sensação de que aquele lugar realmente não era para ela e de que poderia ser desmascarada a qualquer momento. Esse é um exemplo de como uma pessoa pode ter a melhor base familiar, ser preparada para ingressar em espaços de alto rendimento e, mesmo assim, ser estigmatizada por sua raça. Aliado à Síndrome da Impostora, o preconceito é determinante para a pessoa negra não se sentir capaz ou digna do esforço que fez para realizar seu objetivo.

As mulheres — em especial, as negras — despendem uma energia considerável tentando provar a si mesmas que são competentes. Ao longo da vida, internalizam estereótipos banalizados pelas imagens e produções audiovisuais, que mostram pessoas negras com pouca capacidade de realização ou, pior, nem mostram pessoas negras quando se trata de exemplos de sucesso, riqueza e poder.

Mas é importante lutar contra essa força que nos invisibiliza ou diminui. Estimulamos a nossa autoestima diariamente, trabalhamos duro para alcançar lugares e posições em que sejamos ouvidas e respeitadas, estudamos, nos especializamos nos assuntos e projetos que nos propomos a construir, portanto precisamos — e podemos — superar essa síndrome.

Numa série de postagens no Facebook, mulheres denunciavam comportamentos masculinos que ilustram bem o que costumamos chamar de homem "palestrinha", aquele que tem uma autoestima tão bem alicerçada na sociedade patriarcal que se acha apto a participar de qualquer discussão e a dar conselhos para quem quer que seja, mais ainda se sua interlocutora for uma mulher. Nesses desabafos, uma doutora em física quântica contou que certa vez, ao postar um texto no qual falava da sua área de atuação, recebeu o comentário de um homem indicando um texto para ela ler. O que ele não sabia, ou melhor, o que não se deu ao trabalho de pesquisar, é que o texto no caso era justamente a tese de doutorado dela. O cara não sabia do que estava falando, mas correu para marcar presença numa discussão que ele não dominava, na maior segurança, afinal se tratava de uma mulher; aliás, de uma mulher negra.

Esse caso específico ilustra bem como os homens brancos se sentem à vontade diante de uma mulher negra, confiando tanto na própria opinião que chegam ao ponto de ignorar que estão sugerindo o que uma doutora deveria estudar na sua própria área. Esse comportamento faz jus a uma piada que circula nas redes: "Onde tem pra vender essa autoestima do homem branco hétero medíocre?".

Essa impressionante autoestima pôde ser vista em ação também na crise hídrica pela qual o estado do Rio de Janeiro passou no início de 2020, quando parte da água tratada e fornecida pela Companhia Estadual de Águas e Esgotos chegou a algumas residências cariocas imprópria para o consumo. O então governador Wilson Witzel nomeou para o conselho da companhia um homem completamente desentendido do assunto, cuja ignorância foi publicamente exposta em vídeos que mostravam sua performance vexaminosa numa sabatina a que foi submetido pelos jornalistas. Mesmo assim, ele aceitou o cargo.

E outro exemplo que chamou muita atenção na mesma época e que nos fez lembrar do homem "palestrinha" foi a vinda da Lizzo ao Brasil. Lizzo é uma cantora negra, nascida nos Estados Unidos, que veio divulgar seu trabalho aqui por meio de uma série de entrevistas e de um show exclusivo para pessoas influentes.

A produção do evento nos convidou para entrevistarmos a artista, e aceitamos na mesma hora. O problema surgiu quando paramos para pensar no assunto: será que vamos conseguir, será que ela vai entender o nosso inglês, será que a gente dá conta? No final, a entrevista não aconteceu — não por conta dos efeitos nefastos da Síndrome da Impostora que se apossaram de nós, mas por questões de agenda. Algum tempo depois, qual não foi nossa surpresa ao assistir a uma das entrevistas que ela concedeu a um repórter de um jornal de grande circulação por aqui. O homem branco claramente não conhecia o discurso da Lizzo, nem havia se preparado para a entrevista. Ficamos chocadas, mas ele não aparentava nenhum constrangimento ao fazer perguntas que demonstravam todo o seu despreparo. O desconforto da cantora era tão visível que ficamos nos perguntando por que, com tantas mulheres negras incríveis e muito bem preparadas, a produção optou por um homem medíocre, que não tinha o menor respaldo para esse trabalho.

O que percebemos é que às vezes nós, mulheres, não temos a mesma ousadia dos homens, em especial os brancos. A preocupação em ser desmascarada a qualquer momento é tanta que preferimos não aceitar as oportunidades que aparecem.

Para o lançamento da sua autobiografia, Michelle Obama concedeu uma entrevista ao site da BBC, citando a Síndrome da Impostora e contando como fazia para reverter essa situação. Ela conta que já se sentou com as pessoas mais importantes do planeta, com as maiores organizações mundiais, com as maiores fundações, corporações, cúpula de países, Nações Unidas, e que a coisa que mais chama a sua atenção é que eles não são tão inteligentes assim.

Pessoas em posições de destaque passam muita credibilidade, e nossa tendência é colocá-las num pedestal, mas nessa entrevista Michelle argumenta que muitas vezes o diferencial delas é justamente se acreditarem capazes de desempenhar determinada função.

É importante abordar essa questão do não pertencimento a que o racismo nos expõe e que a Síndrome da Impostora acentua ainda mais. Quando observamos esses espaços de poder, logo notamos poucas ou nenhuma presença de pessoas negras. Acontece até mesmo de a única pessoa negra do local ser você. Mas será que todos esses brancos são expoentes do que há de melhor e mais competente na sociedade? Será mesmo que nós não estamos ali porque não temos a mesma capacidade deles?

Acreditar nessa imagem perfeita que justifica posições de poder e privilégio é o que nós, pessoas negras, podemos fazer para deixar as coisas exatamente como estão. Essas pessoas não são infalíveis, a perfeição que projetam é uma performance, uma maneira de transmitir uma imagem de segurança inabalável que afasta qualquer um que pense em dividir o espaço. Outro recurso para nos manter longe é o jogo da intimidação, sutil ou até mesmo aberta, nos deixando tão desconfortáveis no ambiente que logo nos questionamos se aquele é o nosso lugar. Quando a gente acredita nessas ilusões, as pessoas medíocres não precisam ceder espaço: o banquinho do privilégio onde elas se sentam já está assegurado.

Michelle Obama fala também sobre como olhar para a nossa trajetória e a do outro é importante. Ela conheceu muitas pessoas poderosas e diz que todas elas passaram por momentos de insegurança, ou seja, são pessoas comuns, só que projetam uma aura de perfeição na qual não devemos acreditar. Especialmente porque, acreditando na perfeição, acabamos por desmerecer a nossa própria trajetória — que, sabemos bem, é cheia de falhas, reviravoltas, inseguranças. Precisamos trabalhar a nossa autoconfiança e, quando pudermos, nos espelhar em pessoas que nos dão força, não naquelas cuja imagem de perfeição nos esmaga.

Uma de nossas grandes inspirações é a escritora estadunidense Alex Elle, mulher negra, mãe de três meninas, que faz a divulgação de seus livros e escritos no Instagram (@alex). Os temas que aborda são o autocuidado, o autoconhecimento e a autocelebração. Em uma postagem, ela reúne uma série de atitudes que podemos tomar para que o não saber não nos paralise, pelo contrário, nos impulsione para outras descobertas.

Não ter consciência da própria grandeza, comparar-se com pessoas "perfeitas" (mas que na verdade apenas performam esse estado de plenitude) e se digladiar com dúvidas e questionamentos sobre a própria capacidade são funcionamentos típicos de quem sofre da Síndrome da Impostora. Quando refletimos sobre o que Alex Elle propõe, podemos romper o círculo vicioso da síndrome e alterar seu sentido. Em vez de paralisar diante da constatação de que não se é perfeita, pode-se partir daí e assumir que, por não ser perfeita, há a chance de conhecer, descobrir e aprender mais. Ou seja, a imperfeição não é uma *falta*, mas uma *oportunidade*.

Colocar projetos e sonhos no mundo é desafiador, mas traz muito orgulho também, porque é nesse momento que temos possibilidade de nos perceber como capazes de algo que nos é muito caro. É no caminho que se aprende a caminhar, é no fazer que os processos vão sendo aperfeiçoados e que os resultados vão aparecendo. Escreveu, mas o texto não ficou bom? Produziu, mas o conteúdo não ficou redondo? Comece de novo, refaça, insira elementos novos ao que deu errado e tente mais uma vez. E lembre-se de que seu repertório é maior do que uma fonte única de conhecimento: filmes, séries, livros e músicas podem servir para conectar argumentos, estabelecer relações e ajudar você a se manter sonhando.

Uma das coisas que impedem pessoas de fazer algo que as amedronta é a ideia de que serão humilhadas por quem sabe mais ou de que passarão vergonha se forem questionadas. O fato é que sempre tem alguém que sabe mais, e os questionamentos, sempre que feitos de forma respeitosa, podem ser a chance de mostrar o que sabemos ou de aprender mais.

Ter a consciência de que você não sabe tudo, não vai dar conta de tudo, não vai sempre chegar em primeiro lugar deveria trazer segurança, não medo. Afinal, você é humana, e tudo bem ser você mesma, com as suas qualidades e os seus defeitos. É importante olhar para trás e se orgulhar do quanto já caminhou, cresceu e aprendeu, e olhar para a frente e perceber o quanto ainda tem por aprender.

A alta performance que se cobra das pessoas negras, a ideia de que precisamos ser duas vezes melhor do que os outros para conseguir alguma coisa, é opressora. Entramos numa neura de que não podemos errar nunca e esquecemos que isso é impossível. Temos que buscar nos humanizar, e não cortejar a ideia da super-heroína negra, perfeita em tudo que faz.

No início de 2021, quando os participantes do reality show mais assistido da televisão brasileira foram anunciados, criou-se um burburinho nas redes: o *Big Brother Brasil* teria nove participantes negros, marca inédita desde que o programa estreara no Brasil, em 2002. Especulava-se que esse fato tinha relação com o carisma angariado por um participante da edição anterior, um homem negro idealizado pelo público como sábio, conselheiro, a quem se podia recorrer em momentos difíceis, um bom amigo, confiável, ponderado. Mas conforme o BBB 21 ia se desenrolando na tela, as reações nas redes foram desenhando outra imagem, também idealizada, da pessoa negra. Voltada agora para uma mulher negra, a audiência resolveu que era preciso invisibilizar, eliminar, proscrever aquela que havia cometido um erro. Um erro, e a pena foi o cancelamento imediato.

Essa duplicidade não existe apenas na tela da televisão. A sociedade brasileira tenta engaiolar a pessoa negra em um par de opostos, como num tabuleiro de xadrez: ou se trata do mestre, o conselheiro que aparece de forma mágica para trazer pensamentos inteligentes, ou uma figura detestável que não deve ser tolerada. Para não encarar o degredo moral, o abandono de todos, ou o negro é sábio e ponderado, ou perfeito. Errar não é permitido.

Há de se tomar muito cuidado com esses estereótipos. Nós, pessoas negras, devemos nos perceber como o que realmente somos: seres humanos, e como tal, sujeitas a cometer erros. No âmbito de nossas atividades profissionais, naturalizar os erros como parte do processo é fundamental para não carregar tanto peso sobre os ombros. E se respeitar as fragilidades é importante, aprender a glorificar as nossas capacidades é urgente. Se chegamos aonde chegamos é porque temos capacidade de ocupar esses espaços e porque existe uma rede que acredita no que fazemos.

bell hooks afirma, no livro *Olhares negros: Raça e representação*, que:

> Compartilhar de boa vontade a sua experiência pessoal com alguém garante que uma pessoa não seja transformada num ícone santificado. Quando mulheres negras aprendem sobre a minha vida, também aprendem sobre os erros que cometi, sobre as minhas contradições, passam a saber das minhas limitações e das minhas forças. Elas não podem me desumanizar me pondo num pedestal. Ao compartilhar as contradições das nossas vidas, ajudamos umas às outras a

aprender como lidar com as contradições como parte do processo de se tornar uma pensadora crítica.

Não querer ser transformada em "ícone santificado" diz muito sobre a pressão que se coloca na pessoa negra para que exerça determinados papéis, ou de santa imaculada e sábia, ou de demônio vil a ser afastado. O meio-termo não existe para pessoas negras, mas o meio-termo é justamente onde se encontra a categoria de ser humano. Ser humano erra, fala besteira, faz besteira e também aprende, ensina, aconselha. A pessoa negra, não: ou erra sempre, ou acerta sempre.

Mulheres negras sofrem da Síndrome da Impostora com muita frequência, mas podem aprender a escapar dela se não a confundirem com uma condição permanente, uma verdade contra a qual não podem lutar. É possível desenvolver o prazer pelo aprendizado constante e abrir espaço para transformar o que não sabemos em potência para construir novos conhecimentos, novas narrativas, imagens e histórias de vida.

Em *This Is Us*, série de televisão a cabo do canal NBC, o personagem Randall Pearson vive a dinâmica pendular do ora "estou bem, tenho autoestima, sou preparado", ora "sou uma farsa e tudo que conquistei vai ruir". O personagem se debate o tempo inteiro com a consciência das dificuldades materiais, financeiras e sociais enfrentadas por seus ancestrais negros. Ele percebe que, caso perca tudo, como teme, sua queda o levará ainda mais para baixo do que se fosse experimentada por um homem branco. Embora essa memória seja calcada em fatos conhecidos da história da colonização, a Síndrome do Impostor provoca na pessoa uma necessidade desproporcional de se provar capaz. A memória ancestral faz com que não seja preciso ter vivido na pele a subalternalização experimentada pelos negros trazidos como escravos para a América para que se *saiba* o que significa perder tudo e estar de volta a um lugar de onde, sabemos, é muito difícil sair sendo negro. O medo de uma demissão ou algo nesse sentido pode levar as pessoas negras à imobilidade, à inação pelo pavor.

E por falar em imobilidade, a síndrome também nos expõe ao adiamento doentio de tarefas e ações, a chamada procrastinação. Imagine que temos uma apresentação marcada. A primeira coisa que fazemos, antes mesmo de dar início aos preparativos, é nos questionar se temos capacidade para fazer o que nos propusemos. O tempo vai passando, a data se aproxima, mas ainda não começamos a trabalhar na apresentação. Com a procrastinação instalada, só nos resta botar a mão na massa muito em cima da hora, o que acaba gerando não só estresse e ansiedade, como o velho sentimento de incapacidade: ficou ruim porque eu não sou boa. Na verdade, a apresentação ficou ruim porque tivemos pouco tempo para aperfeiçoá-la.

A procrastinação é um elemento altamente nocivo, que no ciclo da Síndrome da Impostora trabalha para validar a ideia enganosa de que não temos capacidade de fazer nosso trabalho, de ocupar nosso cargo, de manter nosso emprego, de produzir este ou aquele conteúdo. Se por um lado a procrastinação leva à frustração, por outro é justamente esse mecanismo que aciona em nós o estranho conforto de saber que, afinal, se a apresentação não ficou tão boa, foi porque não começamos a nos preparar antes. A procrastinação serve para dar suporte e validar a ideia de que não somos competentes, porque sempre que nos entregamos ao adiamento repetitivo estamos deixando uma brecha para alguém (principalmente nós mesmas) nos criticar ou diminuir. Sempre temos que estar com o trabalho "nem tão bem-feito assim" para garantir que, lá na frente, quando o mostrarmos, possamos rebater qualquer elogio com as desculpas de sempre: "Se eu tivesse tido mais tempo..."; "Consegui, mas foi sorte"; "Você está sendo gentil, não sou tão inteligente assim".

A convivência com a síndrome também nos leva a sentir insegurança em relação ao próprio trabalho, a ter uma autoimagem distorcida, a receber elogios com desconfiança e a ficar arrasadas caso os elogios não venham.

Quando falamos sobre entrar no ciclo da procrastinação para corroborar a ideia de que não se tem tanto valor assim, é preciso refletir sobre o trabalho da autoestima e o quanto isso está ligado à validação do outro. Duvidamos de nossas capacidades, pensamos que a qualquer momento seremos "desmascaradas" e acreditamos que qualquer pessoa tem mais capacidade do que nós. Combater essa torrente de descrédito tem muito a ver com o autoconhecimento, que nos faz analisar e respeitar a trajetória que já fizemos para chegar a determinado lugar.

Estamos falando da perspectiva de mulheres negras, que nunca tiveram nada de mão beijada. A ajuda que tivemos veio de pessoas que nos abriram portas e acreditaram no nosso potencial, o que não aconteceu com muitas mulheres negras de gerações anteriores — mas é preciso também admitir que aquilo que construímos é fruto de muito estudo, de vontade, de erros e acertos, de muita persistência ("fizemos errado aqui, mas lá na frente vamos tirar alguma lição disso").

Esse *lá na frente* tem a ver com processo, tem a ver com conhecer o seu ritmo e aceitar o tempo de cada conhecimento sedimentar, assentar, se estabelecer. Conhecendo o nosso próprio ritmo, evitamos cair num ciclo eterno de autocobrança excessiva e angústia pelos questionamentos da nossa capacidade. Nós fazemos como sugere a Alex Elle: se não somos boas o bastante para estar aqui, vamos nos tornar boas o bastante para *permanecer* aqui. Aprendemos a respeitar o nosso processo. Ao entender que nosso ritmo e nossos objetivos são únicos, podemos gentilmente nos permitir caminhar sem atropelar etapas, com a certeza de que faremos o melhor que der com as ferramentas que temos nas mãos no momento.

Falamos de tempo. Agora, vamos falar de espaço. Entender nossos processos permite que nos apropriemos também dos espaços que ocupamos. Podemos, *sim*, escrever, palestrar, fazer aquela apresentação na empresa, numa faculdade bacana, podemos entrar no mestrado, no doutorado. Respeitando o nosso tempo e a nossa potência de desenvolvimento, a gente pode ocupar todos esses espaços.

Ao mesmo tempo, sabemos que mulheres negras vivem num contexto sócio-histórico e cultural que torna tudo mais difícil. Mas é por saber que somos parte dessa estrutura patriarcal e racista que não podemos questionar a nossa capacidade individual, e sim a estrutura. As microagressões (clichês ou hostilidades supostamente sutis que diminuem, depreciam ou desrespeitam grupos oprimidos de forma intencional ou não) que sofremos no dia a dia tentam minar nossa confiança, e a Síndrome da Impostora parece confirmar nosso pouco valor, mas a gente pode refletir sobre isso e não desistir.

O bom e velho Clube do Bolinha da supremacia branca nos ambientes corporativos é a norma; mulheres negras que acessam esses espaços são a exceção. Por isso temos que garantir a nossa presença nesses espaços, porque foram décadas de ativismo de base e de luta até chegarmos à consolidação de leis que, mesmo com o nariz torcido da elite branca e patriarcal, garantem o nosso pleno direito de estar ali.

Precisamos fazer também um exercício de referência, pois, como diz Lélia Gonzalez, o racismo põe em nós o nome que quiser, mas nós citamos mulheres negras incríveis. Citamos Michelle Obama, com seu livro *Minha história*; Alex Elle e seu perfil bastante acessível no Instagram; bell hooks e o seu *Olhares negros: Raça e representação*, e devemos citar muitas outras, pois é nos cercando de pessoas que nos inspiram que nos fortalecemos, é pelas histórias e pelos escritos das mulheres negras que vieram antes de nós que nos situamos no tempo da nossa busca hoje. Essas mulheres abriram e pavimentaram caminhos que, atualmente, nos fortalecem para questionar e combater a nossa falta de confiança e a sensação de que não pertencemos ou não somos adequadas para ocupar os espaços que ocupamos. São elas que nos ensinam que, apesar do que tentam nos mostrar, não tem nada em nós que deva ser consertado, ajustado, e sim os ambientes de trabalho (ou de sociabilidade em geral) que devem se abrir para a variedade de identidades raciais e de gênero que existem.

2

O PODER DA VULNERABILIDADE

Falar em público, expor ideias e opiniões, expressar os sentimentos de forma autêntica ou sentir que está em perigo num ambiente hostil: essas são apenas algumas situações em que é comum nos sentirmos vulneráveis.

A vulnerabilidade é um afeto que tem relação com outros sentimentos, como a vergonha e o receio. Vergonha de se mostrar e receio de como as outras pessoas vão reagir. Se consultarmos um dicionário, vamos verificar que se trata de uma característica atribuída ao que é frágil, delicado, ao que está desprotegido. Mas o que será que deixa tantas mulheres com a sensação de fragilidade?

O medo de ficar vulnerável perante os outros pode refletir o silenciamento a que as mulheres são submetidas numa sociedade machista. Com receio de que falar as exponha ao escrutínio e às críticas dos outros, as mulheres acabam se calando. É da ativista e empresária Monique Evelle a frase: "Nunca fui tímida, fui silenciada".

Para as mulheres negras, a vulnerabilidade é uma velha conhecida que as acompanha também nas situações mais diversas, muito além da fala. Quando uma de nós pensa em existir, em se relacionar, em transitar pelos espaços, já se sente presa à vulnerabilidade. Claro que com outras mulheres também acontece isso, mas tendo em conta a interseccionalidade entre gênero e raça, é preciso admitir que essa carga aumenta no caso das mulheres negras. Quando erramos, o julgamento sobre nós é mais rigoroso do que seria no caso de uma pessoa branca, especialmente se for um homem.

As mulheres negras têm uma vasta experiência com a vulnerabilidade. Convivemos com ela desde cedo, pressionadas que somos o tempo inteiro a desafiar nossos próprios limites, a fazer as coisas mesmo sentindo medo. Vivemos isso no trabalho, na escola. E vivemos isso de maneira muito intensa no campo dos relacionamentos românticos, em que a pressão pode ser tanta que muitas chegamos a construir verdadeiras fortalezas para evitar entrar numa relação, já que é nesse tipo de interação que nossos desejos íntimos e medos ficarão acessíveis ao outro, expostos. Com a guarda baixa, nos sentimos indefesas diante do outro com quem não poderemos sustentar performances nem vestir máscaras, o relacionamento amoroso nos deixaria "nuas".

Acontece que viver é estar em eterno risco, decidir o tempo todo, fazer escolhas. Se queremos nos relacionar amorosamente com outras pessoas, precisamos aceitar que estaremos mais vulneráveis. Que haverá situações muito boas que resultam dessa vulnerabilidade, desse permitir-se viver, mas que também surgirão conflitos em que estar despidas de qualquer defesa não será tão bom assim. A vida nos assusta de vez em quando, e nessas horas tudo o que queremos é continuar na zona de conforto. No entanto, não dá para fazer dela a nossa morada, há momentos em que precisamos encarar as situações e decidir viver novas experiências.

A palavra "julgamento" aterroriza quem não quer se ver vulnerável, porque é quando a pessoa se torna alvo da avaliação externa. Ser julgado é sempre angustiante porque não temos como controlar como os outros nos percebem. Uma situação comum em que nos submetemos ao julgamento do outro é a entrevista de emprego. Nessa situação, o julgamento não apenas existe, como é determinante para sermos ou não escolhidas, o que gera uma sobrecarga gigantesca.

Mas se somos seres sociáveis, se queremos fazer novos amigos, conhecer novas possibilidades, não tem como escapar do olhar do outro. A boa notícia é que são as nossas vulnerabilidades que nos conectam às outras pessoas. Por mais contraditório que possa parecer, permitir-se ser vulnerável é extremamente corajoso, porque são poucas as pessoas que conseguem se despir, se mostrar por inteiro. Essa conexão acontece quando o outro vê que nós também passamos por períodos de insegurança, temos dúvidas e incertezas, cometemos erros, não temos respostas para todas as perguntas, mas estamos dispostas a seguir, a tentar, a enfrentar as circunstâncias, mesmo inseguras. Além disso, as relações se estabelecem por meio da troca, e, portanto, transmitir verdade e confiança se abrindo para o outro é um convite para que o outro faça o mesmo com você.

Algumas pessoas tendem a permanecer no lugar de conforto, e acabam se desafiando pouco. Outras, se jogam de cabeça em tudo e deixam as portas abertas a quem quiser se aproximar. As duas situações têm vantagens e desvantagens, mas quem parece estar vivendo de fato?

A gente já palestrou inúmeras vezes, participou de muitas mesas de debates, compartilhou com centenas de pessoas os nossos aprendizados, e no entanto, quando recebemos esses convites, a primeira coisa em que pensamos foi dizer "não". Vamos morrer de vergonha, não vamos conseguir falar, vamos travar, vai dar branco... e mesmo assim, a gente se desafiou e aceitou todas as vezes.

Sabíamos que estaríamos nos colocando numa posição vulnerável, porque inevitavelmente seríamos julgadas, mas ainda assim não nos arrependemos de nenhum "sim" até hoje. Depois de refletir sobre cada proposta, nos demos conta de que a resposta estava contida na pergunta; quem convida a gente conhece a nossa trajetória e sabe das nossas qualidades e da seriedade do nosso trabalho. Sabíamos que, se alguma coisa saísse errado, ao menos um arrependimento não teríamos: o de não ter tentado.

Para algumas pessoas, estar vulnerável é como estar nua na frente de um público, sem proteção nem saída de emergência. Sentem que ao serem vistas assim escancaram as portas que deveriam proteger e guardar o seu eu mais íntimo. A vulnerabilidade, no entanto, pode significar apenas uma *abertura* dessas portas, e não uma entrega absoluta de tudo o que nós somos.

Quando pensamos em fazer o podcast *Afetos*, o que a gente queria era falar para as outras pessoas sobre nossas subjetividades, contar histórias pessoais que nos fizeram ser quem somos, e isso obviamente nos deixaria vulneráveis, expostas ao julgamento de qualquer pessoa que nos ouvisse. Ser avaliada é sempre uma experiência incômoda — mas vamos combinar que pessoas negras são avaliadas o tempo todo em qualquer espaço. Julgam o fato de sermos negras, de nos comportarmos de determinada forma, de usarmos certa roupa; são tantos os julgamentos que a chance de sermos mal avaliadas é enorme.

Se, como a gente falou ainda há pouco, entrevistas de emprego podem ser muito estressantes para qualquer um porque são o exemplo clássico de como nossa vulnerabilidade fica exposta, que dirá para pessoas negras, cujo desgastante processo de avaliação não termina ao fim da entrevista, pelo contrário, se mantém o tempo todo, em todos os espaços.

Talvez por isso, quando podemos escolher, o primeiro instinto é recusar. É o que acontece nos relacionamentos amorosos, em que por medo de sermos magoadas, acabamos na defensiva e escondemos as nossas verdades. Mas a vida é uma só, e quer algo mais triste do que viver com medo, pela metade, sem dar o seu melhor, sem se entregar?

Existem muitas maneiras de lidar com a vulnerabilidade natural da vida. Há quem mergulhe no mar de uma vez; quem molhe o pé antes de mergulhar, para ver se não está frio demais; e quem, depois de testar a água, volte para a areia sem mergulhar. E tudo bem ser quem se joga de cabeça, quem vai devagar ou quem resolve pensar mais um pouco antes de tomar a decisão. Importante é conhecer os próprios limites e não se deixar intimidar pelo medo da vergonha e da vulnerabilidade. Não existe problema em ser prudente, desde que a sua prudência não te impeça de viver algo que você queira viver. A porta dos afetos e das experiências é uma só, se você fecha para não se machucar, também impede que coisas boas cheguem.

Voltando ao nosso exemplo, nunca fomos do tipo que gosta de se expor. Ficávamos divididas entre ter uma mensagem muito legal para passar e não gostar de falar em público — a cada convite tínhamos que decidir qual das duas tendências iria prevalecer. Nossa vontade de falar ou nosso medo de exposição? Demorou, mas hoje entendemos que sempre vamos nos sentir vulneráveis quando tivermos que falar em público, mas toda vez que topamos esse desafio é sabendo que se trata também de uma oportunidade de trabalhar esse nosso lado.

Já passamos por situações que nos deixaram vulneráveis em diferentes níveis, algumas vezes o incômodo passava rápido, outras o frio na barriga quase nos paralisava. Mas conforme fomos falando em público mais vezes e internalizando os aprendizados advindos dessas experiências, aprendemos muito sobre nós e nossa potência. Seguir em frente, mesmo com medo, tem sabor de vitória. E aprendemos até que "seguir em frente", muitas vezes, pode significar dar um passo para trás para pegar impulso, antes de retomar a direção.

A escritora e pesquisadora estadunidense Brené Brown é a estudiosa mais conhecida do campo de vulnerabilidade, vergonha e imperfeição. Ela se debruça sobre esses temas há pelo menos vinte anos, tem diversos livros publicados sobre o assunto, e o seu TED Talk (programa de palestras sem fins lucrativos para divulgação de ideias que merecem ser disseminadas) intitulado *O poder da vulnerabilidade* é um dos mais assistidos da história do canal. Com a Netflix, ela produziu um especial chamado *O poder da coragem*. No livro *Eu achava que isso só acontecia comigo*, Brené diz o seguinte: "Coragem é uma palavra do coração, sua raiz é 'cor', que deriva de *coer*, 'coração' em latim. É uma das acepções mais antigas, a palavra 'coragem' significa dizer tudo que está no coração".

O que pode demonstrar mais vulnerabilidade do que mostrar o que está dentro de você? É preciso ser corajoso para se colocar numa posição vulnerável, para se colocar sob o jugo do outro. Brené Brown relata que durante a realização de uma pesquisa em que entrevistou apenas mulheres, classificadas em quatro categorias (negras, brancas, latinas e indígenas), obteve as seguintes respostas para a pergunta "O que é vergonha?": "Vergonha é aquele sentimento na boca do estômago que é sombrio e dói muito"; "É ser rejeitado"; "Você se esforça para mostrar ao mundo o que ele quer ver, vergonha acontece quando lhe arrancam a máscara e suas partes reprováveis são expostas, a sensação de ser visto é insuportável"; "É a sensação de ser um forasteiro, de não fazer parte"; "É se odiar e compreender por que os outros o odeiam também"; "É uma questão de autodesprezo". E por último: "A vergonha é como uma prisão, mas uma prisão onde você merece estar porque há algo errado com você". As mulheres entrevistadas por Brené Brown definem vergonha quase como uma morte, e termos como "prisão" e "ódio por si" aparecem bastante nas respostas.

Entendemos que se colocar num lugar de vulnerabilidade é conhecer o que nos envergonha e, mesmo assim, nos desafiar a viver essas experiências. Não é fácil, não é tranquilo, mas pode ensinar muito sobre quem somos e quais são os nossos limites. Nesse processo, também tomamos consciência de nossas crenças limitantes.

A gente já participou de alguns TEDX, e para nos preparar para esses encontros contamos com uma orientadora na produção do texto. Assim, podemos elaborar diversas formas de gerar empatia e identificação com o público e consequentemente ficamos mais confortáveis — mas quando subimos no palco e vemos uma multidão à espera das nossas palavras, tudo muda. O medo de dar branco é real, gera angústia, mas basta começar a falar que tudo flui. A vergonha é muito grande, mas ao mesmo tempo ficamos refletindo sobre gostar do desafio e da oportunidade de superar determinada situação; é como se fossem provas, estamos com medo, mas vamos com medo mesmo e, depois que acaba, é incrível a sensação de dever cumprido.

O trio vergonha, vulnerabilidade e coragem está sempre presente na nossa vida. É bem comum nos colocarmos em alguma situação que a princípio nos deixa ansiosas mas no fim nos premia com a sensação de sermos corajosas. Não lembramos de nenhuma vez em que essa coragem não tenha valido a pena, seja pelos resultados obtidos, seja pelas lições aprendidas. E pensar nisso só nos abre portas para mais experiências futuras. Cada uma dessas situações faz parte de um caminho que vem sendo construído. Estamos falando de superação, de provarmos para nós mesmas que somos capazes de enfrentar o medo da crítica e seguir experimentando.

Shonda Rhimes é roteirista, diretora e uma das maiores produtoras dos Estados Unidos. Criadora da Shondaland — produtora de onde saíram séries como *Grey's Anatomy*, *Scandal* e posteriormente *Bridgerton* —, ela escreveu o livro *O ano em que disse sim: Como dançar, ficar ao sol e ser a sua própria pessoa* no qual ensina o poder de dizer sim para novas situações, mesmo as que nos deixam tensas, aceitando que fazem parte do processo de amadurecimento e crescimento pessoal e que são experiências que podemos levar para o resto de nossa vida, se não como vitórias, como aprendizados.

Por menores que forem, essas vitórias geram orgulho, pois só nós sabemos o quanto dar um passo pode ter nos custado. Situações diferentes cobram porções diferentes de exposição da vulnerabilidade. Podemos nos arriscar a ir sozinha àquele restaurante que há muito tempo queremos conhecer mas por falta de companhia acabamos não indo, ou ao cinema assistir ao filme que está no topo da nossa lista mas no fim da lista dos nossos amigos. Esses dois exemplos parecem exigir um grau de coragem muito baixo para serem superados, mas se pensarmos neles com cuidado vamos nos dar conta de que são ambientes — restaurante, cinema — em que as pessoas vão acompanhadas e que ir sozinha pode nos expor ao rótulo de "solitárias".

Somos nossa melhor companhia, mas só conseguimos perceber isso se deixarmos de lado o receio do julgamento alheio e da nossa própria vulnerabilidade. Esses dois exemplos são pequenos passos, mas assim, gradualmente, vamos ganhando confiança para coisas grandiosas que nos assustam tanto, como falar em público para quatrocentas pessoas, viajar sozinha ou mesmo o maior de todos os desafios: sermos donas da nossa vida.

Se a gente se desafia no dia a dia, quando os desafios grandes chegarem — e, sim, eles chegarão —, já estaremos mais preparadas, com mais experiência, certas da nossa coragem e conscientes de que as nossas "fraquezas" podem gerar identificação com outras pessoas. Nos aceitando e nos mostrando humanas, rejeitando a imagem de supermulheres, geramos empatia e nos conectamos a mais pessoas.

As redes sociais — principalmente o Instagram, que conecta por meio de imagens — fazem com que a gente se comporte como se estivéssemos em uma peça de teatro, encenando a vida que gostaríamos que os outros vissem. A vida reduzida a vitórias, alegrias, momentos de glória. Ao mostrarmos às nossas seguidoras que temos fragilidades, ao revelar quais são as nossas vulnerabilidades, elas se identificam e não se sentem tão sozinhas com as suas próprias questões.

Quando assumimos nossa vulnerabilidade, quem nos segue, quem nos acessa, quem nos ouve, quem nos vê não se sente "fracassada". Quando negamos performar uma vida perfeita, nos conectamos com o outro, porque somos reais e não personagens. Gerar empatia é uma habilidade social, é algo que gostamos de desenvolver. Imagine que vamos dar uma palestra e antes de dizer qualquer coisa, assumimos em alto e bom som: "Estamos nervosas por estar aqui!". Imediatamente quebra-se a expectativa (irreal) de que por estarmos palestrando somos melhores do que as pessoas que estão ali para nos ouvir; nós, como todos, também temos inseguranças. Nessa hora quem nos ouve percebe que também poderia ocupar aquele espaço, afinal somos iguais; mesmo quando temos diferenças, em essência somos todos feitos da mesma matéria.

A vulnerabilidade é uma prática de autoconhecimento, uma oportunidade de nos desafiar e com isso crescer. Tendemos a nos acomodar, a recusar os desafios, só que ao aceitar sair da zona de conforto, aprendemos sobre nós mesmas. O que liga a vulnerabilidade ao autoconhecimento é a coragem, pessoas corajosas se desafiam o tempo todo, entendem as próprias questões e não fogem delas, mas tentam superá-las.

É possível conviver com a vulnerabilidade, aliás é importante estar sempre atento a ela, pois como qualquer programa de aperfeiçoamento apregoa, quanto mais exercitamos, menos penoso fica. O mesmo vale para aquilo que nos faz sentir vulneráveis; quanto mais nos desafiarmos a ultrapassar essa barreira, menos vamos nos atormentar imaginando os riscos que corremos.

Quando pensamos na capacidade que a vergonha tem de inibir a nossa vulnerabilidade, uma situação bem recorrente nas redes sociais nos vem à mente: o pedido público de desculpas. Por vergonha de assumir um erro, algumas pessoas dizem: "Não tive intenção de ofender". Ora, a questão não é se a pessoa tinha esta ou aquela intenção, e sim registrar que ela errou. É aquele velho caso de uma fala racista que depois se transforma numa "brincadeira" ou "piada". Com vergonha de ter seu crime exposto — ser racista —, a pessoa desvia o foco da sua falta e tergiversa, sem dizer com todas as letras que errou. É claro que todo mundo pode ter vergonha do erro e demonstrar esse sentimento. Mas não dá para apagar o que fez, então pode, pelo menos, se retratar, assumindo e pedindo desculpas.

O caso do pedido público de desculpas tem muito a ver com a performance da perfeição, porque a pessoa acredita que só sendo perfeita ela será aceita, então, mesmo tendo errado, ela não pode mostrar ao mundo que não é perfeita, que não é infalível. O raciocínio dela é assim: ser perfeita é não errar nunca, e como quero ser perfeita ninguém pode saber que eu errei. Logo, se não admito o erro e não peço desculpas, é porque sou perfeita e, assim, as pessoas me aceitam. Só que isso é performance de perfeição, enquanto estar vulnerável ou se colocar em posição de vulnerabilidade é exercitar a humanidade, é entender que somos humanos, que erramos, voltamos atrás, aprendemos errando, nos desculpamos e seguimos em frente. Com mais consciência do erro e menos chances de repeti-lo.

É possível aprender a se conectar mais e melhor com as pessoas através da vulnerabilidade, aprender a aceitar nossas imperfeições. Podemos deixar que a nossa humanidade seja conhecida e aceita por todos, afinal somos seres humanos que erram, que estão em busca de ser maiores e melhores, dia após dia.

O poder da vulnerabilidade consiste em entender que nós temos imperfeições e somos quem somos porque nos aceitamos. O importante é focar a caminhada, compreender que as outras pessoas também erram. A vida é um eterno caminho em que a gente precisa decidir se quer subir um degrau ou não, se quer aprender com os próprios erros ou não, se quer repeti-los.

A vida é sempre uma escolha. Qual vai ser a sua?

3

INSEGURANÇA

Começar um podcast, dar o pontapé inicial num projeto, chamar o crush para conversar, dizer a um amigo que o comentário que ele fez foi cruel e magoou você, pedir demissão, terminar um relacionamento. Esses são só alguns dos processos que podem servir como gatilhos para a gente se sentir insegura.

Mas, afinal, o que é insegurança?

Insegurança é o estado emocional provocado pelo sentimento de inferioridade. Quem se sente inseguro acredita que não é capaz de realizar determinadas tarefas nem ser reconhecida pelo que faz, não se vê como uma pessoa que merece ser amada nem aceita pelas outras. Por aí se pode imaginar as limitações que a insegurança impõe aos relacionamentos afetivos e românticos, em especial.

A primeira vez que nos demos conta de quão inseguras éramos foi quando resolvemos fazer o podcast e, para o primeiro episódio, saímos em busca de um sentimento que fosse significativo o bastante para fazer jus a uma estreia. Para nossa surpresa, o sentimento que mais se fazia presente cada vez que olhávamos para dentro de nós era a insegurança. Estávamos prestes a realizar um sonho, mas o tempo todo desconfiávamos da nossa capacidade de investir nesse propósito. Será que estávamos "preparadas", que tínhamos estudado o suficiente para tratar com propriedade deste ou daquele assunto? Nesse bombardeio de insegurança, recorríamos a comparações descabidas com gente muito, muito mais experiente só para nos desencorajar. Não, ainda não estava na hora, pensávamos, melhor estudar um pouco mais antes de gravar. Quanto mais desejávamos botar o bloco na rua, mais as comparações nos "provavam" que éramos incapazes. O resultado era que nos sentíamos cada vez mais inseguras para agir.

Será que outras pessoas também se põem para baixo, usando comparações para se desacreditar e limitar suas capacidades? Pensamos nisso e logo nos demos conta: eis aí um belo primeiro tema para um podcast chamado *Afetos*...

A insegurança também pode ser definida como aquele sentimento que toma conta de nós quando estamos diante do novo. A ansiedade perante o desconhecido se manifesta até mesmo através de sensações físicas desagradáveis, como mãos suando, vontade de sair correndo, dor de barriga, dificuldade de respirar. Algumas pessoas driblam a paralisia resultante dessa ansiedade planejando como vão reagir se esta ou aquela situação se apresentar. Para outras, ao contrário, pensar no futuro como um jogo de análise combinatória pode ser mais uma fonte de ansiedade.

Em todo caso, um pouco de insegurança é comum a quase todas as pessoas. Se você precisa sustentar uma opinião contrária à da maioria ou ingressa num ambiente completamente novo, por exemplo, não é improvável que sinta certo desconforto e pense em recuar. O importante é não deixar a paralisia tomar conta. E abandonar de vez as comparações descabidas.

Num momento em que as redes sociais são onipresentes, é difícil não se comparar. Mas dá para não se enganar com elas. Pode parecer que todas as pessoas que seguimos e acompanhamos têm muita certeza do que fazem, e é aí que a comparação enganosa nos leva ao questionamento: todo mundo está superseguro de si, só eu estou insegura, por quê? Deve haver um motivo para isso...

Muitas das pessoas que trabalham nas redes tratam sua imagem como uma marca. Parecem estar seguras o tempo todo, mas é claro que como qualquer um de nós elas têm lá as suas inseguranças. É extremamente difícil não olhar para os ícones que nos inspiram e achar que parecem, pelo menos nas redes, superbem resolvidos. O que esquecemos é que as redes são um recorte preciso, editado e higienizado do que as pessoas querem que a gente veja. Ou seja, comparamos as nossas vivências com um recorte. Não tem como dar certo.

A questão não é ter ou não inseguranças, mas o que fazer com elas. Reconhecê-las é o primeiro passo, em seguida vem a decisão: vamos seguir em frente apesar delas ou preferimos voltar para nosso lugar de conforto? Este pode ser gostoso, quentinho, mas não provoca nenhuma mudança e nem colabora para que nos tornemos pessoas melhores e maiores. Pessoas diferentes agem de formas diferentes. Dependendo da criação, do entorno, dos valores e das experiências de vida de cada um, a reação diante da insegurança vai pender para o enfrentamento ou para o recuo.

Como quase todos os afetos, a insegurança também é atravessada por vieses. A insegurança se apresenta de formas distintas nas pessoas negras e tem muito a ver com o medo constante de serem preteridas. Numa sociedade impregnada de racismo, como a brasileira, cuja violência se revela nos menores gestos e escala até as situações mais escandalosas de preconceito, é difícil encontrar uma pessoa negra que não tenha sofrido no ambiente escolar, o primeiro e mais hostil dos ambientes para nós, e que não tenha, depois, sido preterida na adolescência e na vida adulta, seja por amigos, seja por pessoas com quem tinha ou desejava ter um relacionamento romântico. Vale ressaltar que, no Brasil, mesmo entre as pessoas negras há diferença de tratamento e oportunidades. A pele mais escura causa mais preterimento, já a mais clara, que permite mais *passabilidade*, ou mais chance de a pessoa ser lida socialmente como branca, proporciona um "benefício racial". Sobre isso, é interessante ler o trabalho da pesquisadora Morena Mariah, em especial o texto "A passabilidade e a política de embranquecimento".

As pessoas negras de pele escura são as que mais cedo e por mais tempo são expostas ao preterimento. A consequência é que crescem não apenas inseguras, mas certas de que não têm valor próprio, de que são inferiores às demais e que não merecem ser amadas. Afinal, sempre foi esse o recado que receberam do mundo.

Numa apresentação antiga dos Racionais MC's, Mano Brown introduz a música "A vida é desafio" com uma fala que resume bem o que a gente está dizendo:

> Desde cedo a mãe da gente fala assim: "Filho, por você ser preto, você tem que ser duas vezes melhor". Aí passados alguns anos eu pensei: como fazer duas vezes melhor, se você tá pelo menos cem vezes atrasado? Pela escravidão,

pela história, pelo preconceito, pelos traumas, pelas psicoses, por tudo que aconteceu? Duas vezes melhor como?

Muitas mães negras já disseram isso a seus filhos, e provavelmente foram criadas assim também. Somos ensinadas desde muito cedo a seguir essa filosofia desgastante, acreditando que, quando se é uma pessoa negra, a única forma de ter nosso valor reconhecido é provando que "valemos por dois". Seja na vida pessoal ou no campo profissional, formação, qualificação e experiência parecem não ter o poder de impedir que nossos saberes sejam postos em dúvida e questionados diversas vezes. A insegurança não é um defeito, nesse caso é consequência de uma realidade violenta.

Mas é como se diz por aí, o caminho se aprende caminhando. Mesmo que a gente não se sinta cem por cento preparada para fazer uma grande mudança ou para iniciar um processo, é preciso dar o primeiro passo. Facilita muito olhar para trás e identificar o quanto já foi realizado, o quanto já foi conquistado até aqui. Você pode se lembrar daquela apresentação na faculdade ou no trabalho que foi tão elogiada, ou da vez que se posicionou com firmeza e, mesmo tremendo, afirmou os seus valores inegociáveis. Seja lá a que lembranças você recorrer, é importante fazer esse exercício de reconhecimento da própria trajetória. Esse mecanismo mostra que a gente está vencendo a insegurança o tempo todo, e que é possível tirar algo disso.

A cada novo ataque da insegurança, devemos parar e repassar mentalmente a lista de todos os momentos em que a vencemos. Evitar se culpar pela insegurança também é fundamental, nada de ficar remoendo. Inseguranças fazem parte da vida, e olhar para elas como mais um obstáculo do caminho, o mesmo que você já venceu outras vezes, é o melhor que podemos fazer.

Algumas pessoas podem confundir timidez com insegurança, já que as duas condições se expressam de formas parecidas. A pessoa tímida tem vergonha de se expor, ao passo que a insegura se sente inferior, incapaz e não merecedora de amor ou reconhecimento. A insegurança pode pôr a perder tanto relações afetivas como oportunidades de trabalho, já que transforma o que poderia ser leve em um grande peso. A pessoa passa a acreditar que tudo pode dar errado o tempo todo, que o seu par romântico, por exemplo, apenas finge gostar dela, ou que o seu patrão pode demiti-la a qualquer momento, já que existe tanta gente melhor que ela para substituí-la.

A insegurança anda de braços dados com a autossabotagem, aquela tendência a deixar para depois, a não terminar o que começou. Se você é uma pessoa que sempre acorda cedo, por exemplo, pode ser que a insegurança te faça querer acordar mais tarde naqueles dias com algum compromisso ou decisão importante. Nessas horas, observar os reflexos da insegurança no nosso corpo pode ser uma oportunidade de lidar com ela antes que os estragos sejam feitos.

Como já falamos aqui, essa observação de si e da sua trajetória é uma maneira excelente de neutralizar a insegurança. Esse exercício nos fortalece e nos faz levantar e caminhar mesmo com as pernas bambas, mesmo com as mãos suando, mesmo com a barriga dando nó. Mas o que dá sustentação a tudo isso é saber que somos seres humanos que uma hora ou outra podem errar, produzir alguma coisa não tão boa quanto esperam da gente, gaguejar, tropeçar... E que também podem aprender com os erros e transformar o que deu errado hoje em aprendizados úteis lá na frente, porque seres humanos estão constantemente aperfeiçoando seus processos e gerando resultados cada vez mais satisfatórios. A insegurança perde espaço cada vez que você reconhece que está melhor, que fez melhor, que pode mais, e que erros não invalidam todas as suas conquistas.

Por isso, é importante trabalhar a autoestima, e não estamos falando de beleza. A autoestima saudável faz a gente ter consciência da própria capacidade e das próprias limitações. Quando temos noção exata do que somos capazes de fazer, possíveis falhas perdem um pouco do poder de nos desestabilizar, e consequentemente as pessoas que estimulam a nossa insegurança também.

Para além disso, porém, em alguns casos, há a noção de que estamos representando outras pessoas em nossas atitudes e palavras, e isso pode ser intimidador. Aqui estamos falando do peso da raça que muitas de nós, pessoas negras, carregam nos ombros. Um bom exemplo do efeito nefasto desse sobrepeso na trajetória de uma pessoa negra é um episódio protagonizado pela personagem de Viola Davis na série *Como defender um assassino*. Ela é uma advogada e professora de direito que ouve de um cliente a seguinte recomendação: "Eu te contratei por você ser quem é, não decepcione todo o seu grupo". Essa fala a deixa insegura, achando que se perder aquele caso vai jogar no lixo a credibilidade de todas as advogadas negras. Percebe a desproporção entre o que ela realmente precisa fazer (vencer o caso do seu cliente) e o que a insegurança faz com que ela cobre de si mesma (não jogar a reputação das mulheres negras no lixo)? Esse exemplo é interessante porque mostra, na ficção, o que vivemos no nosso dia a dia sempre que nos esquecemos de que estamos em determinada posição porque nos capacitamos para isso, porque estudamos, e que vamos ultrapassar os desafios que vierem pelo caminho. Basta que a gente não transforme esses desafios em muralhas impossíveis de escalar com tanto peso nas costas.

Pessoas brancas geralmente respondem por si, enquanto as negras são cobradas a responder por todo um grupo. Se uma pessoa negra comete um erro, logo é exposta nos meios de comunicação, quase como se nas entrelinhas estivesse aquele velho ditado racista: "Só podia ser preto". É evidente que negros não se comportam todos da mesma forma, mas, nesse caso, o erro de um indivíduo é sempre racializado, o que não acontece com os brancos, que ainda têm muita dificuldade de se verem como pessoas racializadas.

A mulher negra nem sempre consegue lembrar que não é um símbolo, uma causa, mas um ser humano, que de vez em quando pode falhar. Ela mesma tem a forte tendência a não perdoar os próprios erros, como se fosse possível alguém não errar nunca. Heroínas, guerreiras, lutadoras, essas são algumas das imagens que parecem estar coladas às mulheres negras, de quem se espera que aguentem tudo. Não é assim, a gente precisa entender que tudo está em processo e que a insegurança e o medo de errar são só uma parte do caminho, não a caminhada inteira. Ninguém erra sempre, ninguém acerta sempre. Se aprendermos a nos desculpar, a acreditar no nosso potencial e a respeitar o nosso processo assim como respeitamos os processos do outro, a caminhada ficará muito mais leve.

Se os outros não enxergam humanidade em nós e negam nossa individualidade ao nos reduzir a representantes de um grupo, que nós sejamos as primeiras a olhar, a reconhecer e a respeitar a nossa humanidade. Isso é um valor inegociável.

4

AMOR

As definições de amor nos dicionários são muito frias e distantes, não abarcam aquilo em que acreditamos e queremos compartilhar, então saímos à procura de definições mais humanas desse que é o sentimento que une pessoas, sedimenta relações, deixa os dias mais bonitos e faz o nosso coração vibrar.

Em seu livro *Por que amamos: O que os mitos e a filosofia têm a dizer sobre o amor*, o doutor em filosofia Renato Noguera se vale da filosofia dagara, parafraseando a filósofa burquinense Sobonfu Somé, para afirmar que:

> O amor é como uma montanha. O ato de amar é uma aventura existencial de escalá-la devagar com alguém do nosso lado. Ao longo da jornada, nos aproximamos cada vez mais do outro, passando a conhecê-lo mais e melhor. Para os dagara, mais do que um romance, amar é um *percurso de intimidade*.

Mas a melhor definição do que é amor aparece no final do primeiro capítulo:

O que é o amor? Bom, até aqui podemos afirmar algo que ele não é: uma emoção individual. Amar é uma travessia que define aspectos centrais da nossa felicidade. Você não será capaz de amar sem antes saber quem você é. Sem ter outras pessoas que deem suporte para a sua vida. Sem conhecer seu propósito. A intimidade está acessível a todos, inclusive para você, desde que mergulhe em si mesmo e tenha disposição para caminhar com outro alguém que nunca o completará, mas que o acompanhará — e fará companhia aos seus defeitos, aos seus medos e às suas esperanças.

Ao escrever este livro, nos demos conta de que embora "amor" seja um substantivo masculino, nós o associamos ao feminino. Não que amor não tenha nada a ver com os homens, mas no contexto em que estamos, do lugar de que falamos e a partir das experiências que vivemos, amor nos leva a pensar em nossas mães. Elas são as nossas referências de vida e de amor e, mais do que isso, representam o suporte com que contamos desde que nascemos.

É verdade que as relações parentais são as mais variadas possíveis, há mães e filhas que vivem relacionamentos complicados, outras que se idealizam mutuamente, mas entre esses dois polos há muita subjetividade circulando, e não é exagero dizer que, em geral, é com a mãe que as crianças experimentam sua primeira relação de amor. Crianças são quase sempre criadas pela mãe. O pai, por mais presente que seja, é até certo ponto da vida um coadjuvante, isso quando não está ausente por negligência ou alienação parental.

Na nossa experiência, foi por intermédio das nossas mães e das outras mulheres da família que conhecemos o amor. E ele não vinha embrulhado em palavras como nos filmes, mas em gestos de cuidado, como cozinhar para nós, nos levar aos lugares aonde precisávamos ir, ficar preocupadas se demorássemos para voltar, e assim por diante.

O amor pode se manifestar de diversas formas. Há quem ame através de palavras, há quem ame através de ações, há quem ame dando presentes, há quem ame por meio da presença constante. Existem muitos meios de demonstrar amor, pois as palavras, por mais bonitas que sejam, podem ter diversos significados e entendimentos. Em *Conversas corajosas*, a escritora e psicanalista Elisama Santos afirma:

> A nossa forma de vivenciar e a de demonstrar o amor e o amor em si não são a mesma coisa... Cada um de nós sente o carinho, o respeito e o tal do amor de formas diversas. Por mais que exista um sentimento semelhante que nos move, nós o experimentamos e vivenciamos da forma que sabemos fazer, de acordo com o que aprendemos que seria amar.

Um dos gestos mais singelos e emocionantes com que minha mãe demonstrou seu amor por mim (Karina) foi quando me trouxe um livro sobre técnicas e regras de comunicação. Era um volume muito antigo, que ela havia conseguido em uma biblioteca comunitária e que me estendeu, dizendo: "Filha, é para te ajudar nos estudos". Isso é cuidado, isso é amor.

Reconhecer a diversidade do amor é também construir a memória afetiva das mulheres negras e das famílias periféricas lideradas por essas mulheres, já que nesses grupos a memória "oficial", acadêmica, não alcançou a maioria. São poucas as mulheres negras da geração das nossas mães e tias que tiveram a oportunidade de cursar o ensino superior. Reconhecer seu cuidado como expressão de amor permite reconhecer em nós a herança que recebemos delas, pois também nos expressamos amorosamente pelo cuidado.

Não é só na relação entre mães e filhas que as demonstrações não verbais de amor podem gerar um falso sentimento de déficit afetivo — se ela não diz "eu te amo", ela não me ama. O mesmo pode acontecer nas relações românticas, gerando muitos ruídos na comunicação do casal.

Quando consideramos que um dos atores dessa relação é uma mulher negra, a coisa se complica ainda mais. Vamos relembrar a idealização do amor como um mar tranquilo sobre o qual só se pode navegar usando uma modalidade de embarcação. Quem expressa o amor fora desse estilo pode acabar sendo mal compreendido ou criticado por não conseguir demonstrar seu amor de uma maneira óbvia. No amor romântico também existe a idealização do parceiro perfeito. Inventamos uma pessoa que não existe e, quando um possível parceiro real se apresenta, tentamos transformá-lo naquele sonho.

Mas muitas mulheres negras nem sequer vivenciaram o amor romântico nesses termos, muitas nem se aproximaram da ideia do príncipe encantado que abre a porta do carro para elas, paga a conta e oferece rosas. Quantas sequer já foram tratadas com gentileza ou associadas à fragilidade?

Mulheres negras são sempre associadas à força, à resiliência, são as guerreiras que "aguentam tudo". Por isso, não dá para exigir que essas mulheres deixem de idealizar o amor romântico, porque na verdade elas nunca experimentaram o cavalheirismo, nunca experimentaram ser cuidadas nas relações românticas para saber se querem ou não lutar contra isso.

Claro que a gente percebe que aquela ideia do príncipe encantado vindo nos resgatar é muito prejudicial, nociva e irreal, mas de outras coisas não dá para abrir mão. E com isso a gente quer dizer afeto, sentimento que foi conquistado a duras penas pelas mulheres negras, pelas pessoas negras em geral, então não abrimos mão de afeto e de suas demonstrações, sejam quais forem, das mais simples, como abrir a porta do carro, às mais espalhafatosas, tal qual Alcione canta "Faz uma loucura por mim/ Sai gritando por aí bebendo e chora/ Toma um porre, picha o muro que me adora".

Se as histórias de pessoas negras são contadas há muito tempo a partir da escassez, a nossa tentativa é contá-las a partir da abundância, falar daquilo que transborda a gente, não do que falta, do que nos foi tirado. Porém quando falamos de questões afetivas no campo dos relacionamentos românticos, entre nós e para nós, amor é quase um artigo raro, então é mais do que normal não renunciarmos aos atos de romantismo e querer o conjunto completo.

Como já pontuamos, pessoas negras são muitas vezes tidas como um grupo que pensa igual, vive as mesmas experiências e parte do mesmo lugar, o que é desumanizante. Quando falamos de sentimentos e subjetividades, estamos falando de seres individuais, que podem ter experiências similares, embora essa não seja a regra. E aqui nos colocamos como sujeitas, reivindicando para nós algo que nos foi negado coletivamente: ansiamos por amor, venha ele por atos ou palavras. Nós, mulheres negras que nunca fomos vistas como figuras frágeis, que somos tidas como objetos sexuais aos quais não é necessário dar afeto, reivindicamos declarações de amor.

O amor também abarca uma modalidade especialmente interessante: o autoamor. É diferente de amor-próprio, pelo menos do ponto de vista de uma das mais importantes pensadoras da afetividade negra, bell hooks. Em "Amando aquilo que vemos", ela diz: "Eu uso a expressão *amor interior* e não *amor-próprio* porque a palavra *próprio* é geralmente usada para definir a nossa posição em relação aos outros". Essa reflexão de bell hooks é muito importante, pois reivindica o amor a partir da nossa perspectiva, e não da perspectiva do outro, isto é, não se trata de comparar o meu amor com o amor de outros, mas afirmar radicalmente que a primeira forma de praticar o amor é gostando do que vejo no espelho. Interior e exterior não são partes separadas, o interior só vai estar pleno se o exterior estiver bem e vice-versa.

Não devemos confundir amor interior com egoísmo, pois aquele é a base da prática amorosa: nos amando, temos acesso ao amor incondicional. É o amor interior que nos habilita a amar os outros.

Algumas pessoas podem se perguntar: por que continuo presa a sentimentos de baixa autoestima e ódio de mim mesma se o autoamor parece tão simples? Em *Tudo sobre o amor: Novas perspectivas*, bell hooks afirma que tudo aquilo que faz o amor interior soar fácil só torna essa virada de chave mais difícil. Não é uma busca simples. O amor é uma ação prática, é uma combinação de confiança, compromisso, cuidado, respeito, conhecimento e responsabilidade que devemos trabalhar para desenvolver. Uma vez que praticamos o amor interior e o assumimos como nossa responsabilidade, podemos estendê-lo para além de nós mesmas. bell hooks afirma ainda que mulheres negras têm dificuldade de expressar sua necessidade de amor até mesmo entre si, porque foram criadas para ser fortalezas, para não precisarem de nada e resistirem a tudo. O autoamor começa quando a gente entende que precisa de amor.

Não é sem incômodo que vamos nos expor e deixar nossas fragilidades visíveis para o outro. No entanto, o custo de manter essa imagem de mulheres não vulneráveis é muito alto e revela a nossa dificuldade de desenvolver o amor interior. Pode parecer contraditório, mas é justamente o não olhar para as próprias vulnerabilidades que nos predispõe a relações abusivas, que nos torna ainda mais frágeis. Mulheres carentes de amor, que não têm uma imagem positiva de si mesmas e, portanto, não exercitam o amor interior, são presas fáceis de relações abusivas, confundindo qualquer migalha de um suposto amor com um banquete de afeto.

Quando uma mulher está em uma relação abusiva, o processo de se perceber vítima parte de reflexões internas, não necessariamente de apontamentos externos. Mas podemos ajudar incentivando-a a se olhar, se cuidar, trabalhar a autoestima, tanto física como intelectual, a notar as suas qualidades e perceber que ela (e todo mundo) pode encontrar felicidade em outras esferas, não só no amor romântico. Ninguém precisa de migalhas de amor para ser feliz. Podemos, sim, querer e ansiar por uma relação de afeto, mas não podemos ter esse anseio como um fim. Se internalizarmos que somente a relação amorosa é capaz de suprir nossa necessidade de amor, vamos acabar aceitando qualquer coisa para resolver essa carência, inclusive uma relação abusiva.

Um dos grandes problemas da idealização do amor romântico é que a gente esquece que um relacionamento é feito de pessoas e que entre pessoas sempre haverá conflitos. Aliás, é por meio deles que toda relação progride. Quando analisamos um relacionamento só por imagens, como nas redes sociais ou nos filmes, ignoramos que naquela convivência também existem conflitos, só que a gente não vê. Então, quando o nosso relacionamento começa a apresentar problemas, a gente não aceita, quer fugir dele, porque, ao contrário do amor idealizado, o nosso não é perfeito. Relação é construção, e não se constrói nada sem aparar algumas arestas.

Existe uma linha muito tênue entre o que é fazer concessões e o que é falta de respeito. Conhecer os nossos limites e saber quais são os botões que o outro pode apertar sem que isso nos cause dor permite nos situar dentro de um relacionamento.

O amor pode se manifestar nas relações primárias (como entre mães e filhas), nos relacionamentos românticos e até na relação com nós mesmas. E para terminar realçando o poder que o autoamor nos traz, vamos ficar com mais algumas palavras de bell hooks em seu extraordinário "Vivendo de amor":

> Quando nós, mulheres negras, experimentamos a força transformadora do amor em nossas vidas, assumimos atitudes capazes de alterar completamente as estruturas sociais existentes. Assim, podemos acumular forças para enfrentar o genocídio que mata diariamente tantos homens, mulheres e crianças negras. Quando conhecemos o amor, quando amamos, é possível enxergar o passado com outros olhos, é possível transformar o presente e sonhar com o futuro. Esse é o poder do amor, o amor cura.

5

PRAZER

Quando o tema é prazer, no que você pensa? E se a questão for o prazer das mulheres negras?

"Prazer" significa sensação ou emoção agradável ligada à satisfação de uma vontade ou de uma necessidade. É também o exercício harmonioso das atividades vitais, um bem-estar, um sinal do organismo ou da mente que indica que nossas ações estão fazendo bem à nossa saúde.

Quando mulheres falam ou escrevem sobre prazer, inúmeros dedos são apontados: "Qual é a relevância desse assunto?", perguntam. Mais do que uma dúvida legítima, esse tipo de questionamento revela uma tentativa de cercear falas e desejos, supondo ser possível definir o que é importante ou não para as mulheres, em especial, para as mulheres negras. E não é só o patriarcado e o sexismo que fazem isso, também na internet vemos mulheres se questionando sobre a importância de falar sobre prazer. Nós devemos estar atentas para não tentarmos pautar o debate de outras mulheres negras, imitando sem perceber um procedimento machista e racista.

Essas regras são impostas para qualquer tipo de prazer relacionado a mulheres e principalmente às mulheres negras: tudo que não seja trabalhar, cuidar da casa, ser forte, durona e guerreira é considerado "bobagem". Se falamos de prazer sexual, então, ainda entra a "falta de vergonha". É sempre bom lembrar que a sociedade brasileira é muito conservadora e põe o prazer sexual e tudo que se relaciona a sexo no lugar do pecado, do não dito, do não sentido.

Quantas de nós tivemos, quando adolescentes, alguma aula de educação sexual focada em prazer individual e não em métodos contraceptivos ou gravidez? E aquelas que seguem alguma doutrina religiosa, quantas vezes já escutaram que fazer sexo é cair em tentação, que masturbação é pecado, que qualquer coisa ligada ao prazer é se aproximar da aparência do mal? Querendo ou não, esses impeditivos nos moldam em relação ao prazer sexual, a gente começa a entender que se tocar, se olhar de maneira sensual e individual são coisas ruins, impuras. Acontece que o nosso corpo vai muito além da esfera sexual, pode nos dar prazer mesmo que não estejamos pensando em nada específico; há mil modos de interagir com nosso corpo que podem proporcionar um prazer muito natural.

Mulheres negras são submetidas a um processo violento de hipersexualização, vistas como "mulheres fogosas", "quentes", "da cor do pecado". Por isso, quando falamos sobre prazer, uma das nossas maiores inquietações é não reafirmar estereótipos negativos. A gente se preocupa muito em não ratificar esse local violento, mas ao mesmo tempo não quer entrar no campo da negação, como se não existisse uma maneira confortável de falar da sexualidade, como se houvesse, de um lado, a objetificação da mulher negra, em que ela é vista como nada além de um corpo, e, de outro, a negação, o não poder falar de prazer porque milhares de outras pautas são mais urgentes e necessárias — nos dois extremos, as pessoas negras são desumanizadas. Prazer é uma das pautas mais humanas! Não só o prazer ligado ao sexo, mas o prazer em sentir alegria, como algo que faz bem à saúde.

Mulheres são estimuladas desde muito novas a associar o prazer sexual à existência de um outro, o que pode gerar um ciclo de dependência emocional gigantesco. Imagine uma menina adolescente, que nunca se olhou, nunca entendeu o seu corpo, nunca se tocou de forma sexual nem se masturbou, descobrindo a sua sexualidade. Imagine ainda que a primeira vez que ela tem esse toque sexual é pela mão do outro. Que mensagem ela aprende? Que só é possível alcançar o prazer através de outra pessoa.

Isso é muito sério, e não acontece com os meninos. Eles adentram a adolescência e já começam a se masturbar, aprendendo desde muito cedo como manipular o pênis e gozar sem depender de ninguém mais. A mensagem é que, para eles, está tudo bem ter prazer de forma individual.

Quando apontamos essa diferença na educação de meninas e meninos, ouvimos que a masturbação feminina com uso de vibradores acaba com as relações entre pessoas, porque torna o outro desnecessário, e coisas do tipo. Inúmeras matérias mostram que ninguém deixa de buscar parceria sexual só por causa de um vibrador. Essa argumentação é tão absurda quanto afirmar que homens que se masturbam de forma normal, controlada, natural, não vão procurar pessoas para iniciar algum tipo de relacionamento.

É muito importante salientar que as vivências de meninas e meninos desde a mais tenra infância recebem tratamentos diferentes da nossa sociedade. Existem centenas de produções literárias e audiovisuais que mostram meninos sendo estimulados a conhecer seus próprios corpos, a se tocar, a ter prazer a partir de si mesmos — e essas mesmas produções mostram meninas sendo cerceadas no seu pensar a vida sexual, não podem sequer tocar no assunto, como se fosse algo vergonhoso, "ainda não é o momento".

Não é comum levarmos meninos adolescentes ao médico no início da vida sexual para conhecer os métodos contraceptivos que podem usar com suas parceiras. No máximo conhecem a camisinha. Mas logo que começam a ter relações, as meninas são levadas à consulta ginecológica, seja em busca de métodos contraceptivos, seja para exames de infecções sexualmente transmissíveis (IST). O prazer não entra na conta.

Os homens, por sua vez, também carregam estereótipos negativos quando falamos de sexo: sofrem pressão desde cedo para estar no campo da atuação sexual o tempo inteiro e são culturalmente julgados se não tiverem muitas experiências sexuais ou não gostarem tanto de sexo.

Na adolescência, é normal e esperado que meninos assistam a filmes pornôs, que mostram o sexo de uma ótica completamente distorcida. Já as adolescentes sentem culpa e vergonha ao falar sobre prazer e vida sexual. Essa diferenciação, que é cultural e social, pode custar muito para a mulher na vida adulta. A associação do prazer à presença de outra pessoa gera um desequilíbrio de poder nas futuras relações. Mulheres sexualmente carentes e sob forte estresse têm mais tendência a se meter em ciladas, como se manter em relacionamentos infelizes, perdoar diversas vezes pessoas que sempre acabam magoando elas, se submeter a relações abaixo das expectativas, com parceiros que se recusam a assumi-las em público, entre outras. E tudo isso poderia ser evitado se a conversa sobre vibradores e masturbação saísse do terreno da vergonha e da culpa e abrangesse inclusive a questão da dependência do outro para gozar.

A educação sexual das meninas, na nossa sociedade, ataca em duas frentes: a negação do prazer, de um lado, e a sexualização precoce do outro. Nas meninas negras isso se intensifica, já que muitas vezes a hiperssexualização da mulher negra começa bem cedo. Além disso, quando olhamos as pesquisas, percebemos que é alto o número de mulheres, principalmente as heterossexuais, que nunca gozaram. Claro que a relação sexual não se resume a gozar e que é possível ter experiências ótimas que não culminam no orgasmo, mas não dá para naturalizar o fato de que tantas mulheres, às vezes que até começaram a fazer sexo muito cedo, nunca tenham gozado.

É necessário que a gente conheça o nosso corpo, que saiba como sentir prazer. Se masturbar, inclusive com vibradores, para ter prazer não faz com que você não procure parceiros sexuais, pelo contrário: faz você saber como guiar seus parceiros ou parceiras a te levarem ao ápice do seu prazer.

No Instagram, destacamos dois perfis de mulheres negras que trabalham questões ligadas ao prazer de maneira muito séria e que merecem alcançar mais pessoas. Trazendo informações novas, são pioneiras e extremamente corajosas por estarem na linha de frente do campo do prazer das mulheres negras, trazendo um novo olhar e outras abordagens. Uma é a Maria Chantal (@eumariachantal), uma angolana em diáspora, dona de um ateliê de moda que leva o seu nome. Ela pesquisa o corpo e a ginecologia natural, promove oficinas de autoconhecimento feminino, meditação, ciclo menstrual, ciclo lunar, anatomia pélvica, hormônios do ciclo, alimentação e ritual da lua. A outra é a Caroline Amanda, da

Yoni das Pretas (@yonidaspretas), terapeuta menstrual sistêmica, que pesquisa ciclos do ventre, orgasmo através do pleno bem viver, ciclo lunar, menstruação e principalmente autoconhecimento.

Autoconhecimento é você conhecer o próprio corpo e descobrir como ele é capaz de gerar prazer sozinho, mas não só isso. É uma forma básica de cuidar da sua saúde e bem-estar. Um exemplo corriqueiro é o caso de mulheres que ainda não entendem como funciona o coletor menstrual, uma espécie de copinho desenvolvido para coletar o fluxo menstrual internamente, em vez de absorvê-lo. É um dispositivo que pode trazer praticidade, higiene e conforto para um período muitas vezes conturbado da vida da mulher, sem contar os benefícios ecológicos, reduzindo a produção de lixo. Ainda assim, há muita resistência: algumas mulheres chegam a questionar como poderão fazer xixi usando o coletor, que na verdade é inserido no canal vaginal, enquanto o xixi sai pela uretra. O bloqueio sexual nas mulheres é tão grande que as impossibilita de conhecerem a própria anatomia.

Outro desdobramento dos reflexos da sexualidade no bem-estar pode ser observado na terapia tântrica, que trabalha o prazer como forma de buscar o grande vazio da mente, um pouco como na meditação. A ideia é estimular tantos orgasmos seguidos que a mente atinja um grande vazio e possa destravar algumas lembranças. Sem necessariamente envolver a genitália, a sessão é feita a partir do caminho que você desejar seguir e pode proporcionar experiências diferentes para cada um. É uma busca para entender a potência do corpo, a potência do prazer e como isso pode nos levar a outro estágio.

O prazer está ligado à saúde, precisamos praticar mais o autoconhecimento, saber do que gostamos, respeitar nossos limites e saber até onde o outro pode ir sem nos ferir. Conhecer o próprio prazer também nos faz sentir mais responsável pelos nossos anseios, tirando das costas do outro um pouco do poder de nos fazer feliz ou infeliz. Não é o outro que responde pelo nosso prazer. Quanto menos carentes estivermos, mais seguiremos a razão, evitando assim cair em ciladas afetivas sem nem perceber.

Só se pode dar ao outro o que se consegue dar a si mesmo; só se dá prazer genuíno ao outro quando se sabe onde encontrar esse prazer em si mesmo.

Que a gente se toque mais, se conheça melhor e se respeite sempre.

RELACIONAMENTOS

6

MULHERES SE RESUMEM AOS SEUS RELACIONAMENTOS?

É possível estar em um relacionamento romântico e ao mesmo tempo se sentir solitária? Estávamos rolando a timeline de uma rede social quando vimos a seguinte publicação: "Estou namorando um cara incrível, ele é superparceiro e ainda assim me sinto solitária. Por que isso?". As respostas eram bastante diversas, mas uma em especial revelava bastante coisa: "Como pode sentir solidão se tem um companheiro?".

Muitas pessoas acham que mulheres só são felizes se estiverem se relacionando romanticamente com alguém, e, portanto, se uma mulher está feliz, plena e realizada, ela com certeza não está solitária. Outro pensamento errôneo muito difundido é que mulheres que escolhem não se relacionar romanticamente só podem ser amarguradas e, portanto, têm o bem-estar, o bem viver e o sucesso inviabilizados.

São várias as áreas da vida em que os seres humanos podem ser felizes:

- relacionamentos e amizades
- romance e relações íntimas
- família

- emoções
- espiritualidade
- intelectualidade
- profissão
- finanças
- lazer
- saúde e condição física

Por essa lista, dá para perceber que romance e relações íntimas são apenas uma entre as muitas áreas que compõem nossas potencialidades positivas. É isso que torna perfeitamente compreensível que uma pessoa esteja numa relação romântica e mesmo assim se sinta solitária em outros âmbitos da vida, como no trabalho, no lazer, com os amigos, espiritual e financeiramente. Toda vez que uma mulher se expõe nas redes sociais dizendo que não está bem, não está cem por cento, as perguntas se repetem: "Ah brigou com o @?", ou "Tá apaixonada, né?", "Tá namorando?".

É sintomático da divisão de gêneros esperar que uma mulher que se diz triste esteja, na verdade, com problemas na relação. Ninguém pergunta se ela está passando algum perrengue financeiro, desconectada de sua espiritualidade, com o emocional abalado. Já com os homens se dá o oposto, quando estão se sentindo mal, cabisbaixos, sorumbáticos, imaginam-se as mais diversas causas, mas ninguém pergunta como vai o relacionamento deles.

Nos contos de fadas, a mulher só é "feliz para sempre" depois de se casar com um príncipe. E na vida real parece que esse final é cobrado da gente também: você pode fazer muita coisa da vida, mas se não tiver encontrado um amor, o seu sucesso não é tão sucesso assim. Acreditamos muito na valorização e na construção de um relacionamento que no futuro possa vir a ser uma família, com todas as formações possíveis, mas também sabemos o quanto isso é um peso social, porque uma mulher pode escolher não entrar numa relação dessa e ainda assim estar e se sentir muito plena e realizada.

Existem diversas formas de ser feliz; para uma pode ser um casamento com filhos aliado a uma boa estrutura de afetos com os amigos, a saúde da família e um trabalho que a satisfaça, enquanto para outra a felicidade está em viajar o mundo com uma mochila nas costas sem se prender a ninguém. Algumas pessoas são felizes acompanhadas e outras sozinhas, não há regra.

Essa demasiada importância dada às relações românticas na vida das mulheres parte muito da idealização dos relacionamentos em filmes, novelas, redes sociais ou até pelas instituições... Só que na prática as relações são diferentes, construídas por pessoas singulares, com visões de mundo diversas.

É importante entender essa idealização para não cair na ilusão de que por você ser solteira sua vida vai ser perfeita, ou de que seus problemas vão desaparecer porque você resolveu assumir um compromisso com alguém. Nós temos diversas potencialidades positivas, entendendo que uma área acaba influenciando outras, e não dá para depositar a nossa felicidade em um só campo da vida: assim como achamos contraproducente apostar todas as fichas somente no aspecto profissional, também é nocivo colocar todo esse peso no romance. De uma forma ou de outra, não é nada saudável deixar na mão dos outros a total responsabilidade pela nossa felicidade.

Podemos pensar nas potencialidades positivas como várias pernas da vida. Se uma delas ficar bamba, vai gerar desequilíbrio. Quando isso acontece, você tem que compensar de outro lado para continuar equilibrada, mesmo que por um tempo uma das pernas fique sobrecarregada. Se você transforma a sua relação afetiva em uma perna gigantesca e mantém as outras áreas como pernas pequenininhas, qualquer problema com esse relacionamento pode fazer você cair, porque as outras pernas são pequenas demais para suportar o peso. Por mais que seja difícil escutar isto, temos que dizer: relações terminam pelos mais diversos motivos, a única pessoa que estará com você até o fim da vida é você mesma.

Quando um relacionamento em que estávamos muito envolvidas emocionalmente acaba, é claro que isso nos afeta. Mas se a gente via essa relação como nossa razão de viver, pode ser que tenhamos vontade de desistir da vida, que ficou sem sentido de repente. Só que a vida não acaba só porque o outro se vai.

Muitas mulheres cisgênero e heterossexuais colocam nos parceiros as suas expectativas sobre o que uma figura masculina deveria suprir. Mulheres que, por exemplo, não conviveram com o pai podem colocar sobre seus parceiros tudo que esperam de um homem, tudo o que idealizam que poderiam ter vivido com uma presença paterna. Acontece que o companheiro é outro homem, que não pode assumir tamanha responsabilidade, e tampouco é a resposta para o abandono que elas sofreram. Por mais que seja difícil racionalizar um campo tão sensível, é importante trabalhar essa questão para que o problema não tenha ainda mais desdobramentos.

Em geral, mulheres heterossexuais que vivenciaram o abandono parental ou que têm uma relação difícil com o pai encaram o afastamento momentâneo de seus parceiros, depois de uma discussão, por exemplo, como um novo abandono. É como se um conflito com o companheiro a fizesse reviver o trauma. E, no entanto, são relações de ordens distintas, é preciso racionalizar essa compreensão para separar uma coisa da outra.

Existe uma diferença entre querer uma relação afetuosa de respeito na qual você se sinta amada e torná-la o único campo importante ou o único objetivo da sua vida. Construir uma relação saudável não é o mesmo que viver uma relação como se ela fosse a totalidade da sua existência. A grande sacada é valorizar de forma semelhante todas as outras áreas de potencialidades positivas, de modo que desequilíbrios momentâneos não nos derrubem.

Se você perder o emprego e todas as outras pernas estiverem fortalecidas, por mais difícil que essa fase seja, você não vai ficar tão desamparada. Se estiver passando por algum problema de saúde, mas tiver uma rede de apoio, o trabalho, um lado espiritual fortalecido, um romance saudável, vai ter certo suporte para enfrentar isso. A grande questão aqui é dar o mesmo valor a todas ou a quase todas essas "pernas", colocá-las em pé de igualdade para que, se uma delas falhar, você não venha a cair. A gente quer viver relações saudáveis, a gente quer ser plena em todos os campos, e o segredo (e o desafio) é equilibrar tudo isso.

O que acontece no campo emocional para as mulheres acontece no campo profissional para os homens. Muitos caras que perdem o emprego sentem que a vida, ou a moral, acabou. Eles tendem a não conversar entre si sobre os seus afetos e sentimentos, colocam uma carga absurda no trabalho e ainda se veem como os provedores da família. Mais uma vez, as construções sociais de gênero, aquelas mesmas que lemos nos contos de fadas, enjaulam homens e mulheres. No imaginário popular, a mulher é a donzela em perigo, enquanto o homem é o guerreiro valente que vai proteger a amada e fazê-la plenamente feliz.

E como é difícil fugir dessa idealização... Com que frequência numa conversa de amigas surge o tema "relacionamento amoroso"? Qualquer uma de nós provavelmente já puxou esse assunto, e o restante costuma ficar para depois. Claro que falar sobre relacionamentos é divertido e empolgante, mas vale pensar se estamos enxergando também outros aspectos da vida das nossas amigas e se nos sentimos à vontade para desabafar sobre tudo que acontece conosco com a mesma facilidade com que falamos sobre uma desilusão amorosa. Mesmo que aos poucos, desconstruir essa idealização e tirar o peso que o romance por tanto tempo teve na nossa vida é a tônica.

Quando se trata de mulheres negras, porém, já não é tão simples fugir da idealização da mídia ou das redes sociais. A história da mulher negra passa pela expectativa de ser preterida, e nesse caso a identificação é uma ferramenta importante. Ao vermos na internet outra mulher negra vivendo um relacionamento bacana, por exemplo, já na primeira foto pensamos: "Se ela conseguiu, eu também consigo". E o problema nisso é que mais uma vez a mulher se vê diante de um recorte da realidade, que pode ou não ser saudável.

A saída talvez seja procurar equilibrar ao máximo suas relações, realizar seus sonhos pessoais, não colocar todas as suas expectativas em uma pessoa só, a não ser que essa pessoa seja você. Ler isso pode soar muito egoísta, mas sim: você é a pessoa mais importante da sua vida.

Que a gente consiga entender o que é felicidade para nós e aprenda a depender menos do outro. Isso é liberdade. Liberdade de ser o que quer, de estar ou não num relacionamento e de não soterrar ninguém com nossas expectativas nem ser soterrada pelas do outro.

7
SOLIDÃO

Solidão é um sentimento natural, que pode aparecer, por exemplo, durante um isolamento social mais severo, como o que fizemos por causa da pandemia de covid-19. Sentir-se sozinho só passa a ser considerado indício de doenças subjacentes quando se torna uma obsessão, em que a pessoa não para de pensar e que acaba interferindo na vida cotidiana. Nesses casos, é sugerido o autotratamento: a pessoa pode fazer trabalho voluntário, participar de eventos comunitários, comer fora, se cercar de gente, até de desconhecidos. Solitude é diferente. É quando você escolhe ficar só ou, mesmo não escolhendo, consegue sentir prazer na própria companhia. É quando o estar só não oprime, não entristece nem preocupa em excesso.

Se a tristeza da solidão se estende por várias semanas ou se a pessoa perde o interesse em atividades que antes eram prazerosas, começa a ter dificuldade para dormir ou para cumprir a rotina, por exemplo, é preciso buscar atendimento médico. Se algum pensamento suicida estiver rondando, o atendimento deve ser de emergência. Nesse caso, basta ligar 188 e entrar em contato com o Centro de Valorização da Vida (cvv).

Hoje enfrentamos uma epidemia de solidão entre os chamados millennials, pessoas nascidas entre o início da década de 1980 e o final da década de 1990. Quase metade deles se diz solitária, uma média altíssima, ainda mais em comparação com pessoas mais velhas. Se a imagem que você tem de solidão é de uma senhorinha viúva sentada em casa, olhando para o vazio, se enganou. São os jovens que se sentem mais solitários.

Essa solidão diz muito sobre o ambiente das redes sociais, bastante frequentado pelos millennials. Ali se vive uma falsa sensação de proximidade, de companhia, que se esvai completamente quando se desliga o celular. Na realidade, mesmo conectados, temos a sensação de estar mais solitários, já que nas redes somos expostos a imagens de outras pessoas em interações "instagramáveis" e momentos glamorosos, enquanto nós estamos na nossa "vidinha sem graça". Mesmo logado em três ou quatro redes sociais, com centenas ou milhares de amigos virtuais, 5 mil no Facebook, 20 mil seguidores no Instagram, 30 mil no Twitter, é possível se sentir solitário, até porque nem toda conexão virtual tem seu correspondente no mundo real.

Solidão na era das redes sociais não é uma questão individual, mas geracional. É um problema dos tempos de conexão digital via redes sociais. A cada dia temos mais dificuldade de interação, de diálogo, de proximidade; a cada dia estamos mais intransigentes, e isso afeta nossas relações; não temos paciência para lidar com o ser humano, com o erro. Mas precisamos entender que funcionamos na base dos ajustes.

Mesmo interagindo presencialmente, ainda podemos nos sentir solitários. Às vezes a pessoa está em uma festa ruim, de saco cheio, mas posta uma selfie na pista de dança com a legenda: "U-hu! Me divertindo com minhas amigas", quando a realidade é que ela está se sentindo solitária. Se sentir só no meio de um monte de gente é possível porque a solidão não é uma questão exterior, mas um desconforto que vem de dentro.

A quantas festas não vamos, mesmo sem vontade nenhuma, só para ter a sensação de estar em contato com os amigos? E quantas vezes sozinhas em casa não nos sentimos muito menos solitárias do que se estivéssemos em um lugar cheio de gente? Na ânsia de ser parte de um grupo, acabamos fazendo coisas que não nos trazem os benefícios que esperávamos. Um exemplo é a pessoa que gosta muito de dormir, mas perde uma noite de sono na balada só para aplacar a sensação de solidão.

Apenas exercitando o autoconhecimento conseguimos distinguir o que fazemos por vontade própria e o que fazemos por pressão do grupo ou para nos sentirmos incluídas. E vale lembrar que se sentir incluída não é necessariamente o mesmo que não sentir solidão. Quando falamos em não se sentir solitária, o que está em jogo é se estamos ou não confortáveis com nós mesmas.

A solidão pode ser vivida até mesmo numa relação a dois. É aquele exemplo clássico de quando só um dos dois manda mensagem, puxa conversa, mostra interesse em marcar um encontro, planeja os fins de semana ou tenta elaborar um futuro em conjunto. Para o outro, parece que estar junto é só dividir o mesmo espaço. Fica o questionamento: é melhor estar sozinho fora de uma relação ou sozinho dentro de uma relação?

As duas possibilidades têm adeptos, mas, para nós, uma das piores coisas que podem acontecer num relacionamento é estar ao lado de uma pessoa que não está presente. Essa é uma das formas mais perversas de solidão e gera o sentimento de ter sido traído pelo outro.

Às vezes ficar numa relação assim parece mais seguro, pois preserva o status de pessoa acompanhada, de não solitária. Manter certas amizades, namoro, casamento ou qualquer tipo de relação entre pessoas parece garantir que não sejamos tachadas de solitárias pela sociedade. No entanto, pessoas sozinhas podem estar, na verdade, em solitude, concentradas nas coisas que querem fazer. Pode ser uma questão de escolha, não de opressão.

Apesar de a discussão sobre a solidão do povo negro em geral ser muito relevante, é preciso dar um passo além para compreender que não se deixa de ser solitário substituindo essa falta por uma pessoa qualquer. Alguns relacionamentos podem ser piores do que a solidão. A carência leva mulheres fantásticas a cair em relacionamentos abusivos pela pressão social de namorar, casar ou de ter uma melhor amiga.

Todos nós somos carentes em alguma medida, mas é necessário fazer um exercício constante de desconstrução desse sentimento para não cairmos em armadilhas. Acredite, você não tem a obrigação de se dar bem com todas as pessoas que cruzam seu caminho e pode escolher ficar sozinha quando a alternativa é estar com alguém que te deixa desconfortável.

Existem diversas formas de entender ou combater essa solidão. Mais uma vez citamos aqui a importância de se autoconhecer, entender o que te faz bem e saber escolher com clareza o que quer ou não para si. Desenvolver esses mecanismos é um meio de se fortalecer e garantir sua autonomia diante dessas pressões sociais.

A situação da mulher é um pouco como se estivesse presa por cordas que a puxam para os dois lados: esticando para lá, não se dá conta da própria carência e acaba aceitando um relacionamento abusivo; esticando para cá, ela se dá conta do abuso mas sente solidão. Racializando o debate, preterimento e solidão permeiam a vida da mulher negra desde sempre. A rejeição começa na escola, quando as meninas não querem ser suas amigas e os meninos não prestam atenção em você, e essa dinâmica se repete de tal modo ao longo da vida que mesmo com mais maturidade é difícil enfrentar.

Precisamos entender que a nossa geração de transição traz uma carga muito pesada. As mulheres negras que vieram antes de nós, nossas mães e nossas avós, muitas vezes não conseguiram sair de casamentos ruins. A gente se pergunta: por que eles continuam casados se só brigam? Talvez porque tenham essa ideia de que é melhor estar com alguém, mesmo sendo infeliz, do que estar sozinha.

Por outro lado, nosso atual momento é de muitas possibilidades, o que faz com que pessoas e relações sejam descartáveis e tenham prazo de validade curto. Então, corremos o risco de ir para o extremo oposto: não toleramos mais relacionamentos problemáticos, mas tampouco toleramos qualquer problema na relação. E como resultado terminamos relacionamentos não pelos motivos naturais, mas por não ter dado certo logo de cara. Para a geração Google é assim: se o que estou procurando não aparece para mim nas três primeiras opções, já era. E a gente sabe que relações não são assim, demandam muito manejo. Mas isso nos leva a um impasse: o relacionamento só precisa de um ajuste ou, sem perceber, estamos insistindo numa relação abusiva e falida, tal qual nossas avós?

A gente acreditou que seria muito fácil viver sozinha. Nossas mães já tinham filhos aos vinte e poucos anos, ou até menos, enquanto nós chegamos aos trinta, 35, sem saber bem o que fazer da vida. Onde se encaixar nessa nova configuração de sociedade em que nossas casas ainda não estão cheias de filhos correndo e ninguém virá nos visitar no almoço de domingo, como fazíamos com nossas avós?

Em certas datas comemorativas, a solidão fica mais gritante para todo mundo. Festas de fim de ano são um bom exemplo. O Natal teoricamente é o momento de reunir a família e celebrar, traz toda aquela ideia de perdão, de que as pessoas estão mais maleáveis, de que as coisas vão se acertar etc., mas na prática talvez sua família não aceite pessoas LGBTQIAP+ na mesa, talvez você se sinta deslocada no almoço de família. Algumas pessoas nem sequer têm essa opção porque não têm família ou porque estão morando em outro país ou cidade, sem conhecer ninguém.

Somos seres sociais e desde pequenos fomos criados com esses rituais de confraternização, então quem se vê apartado da experiência pode se sentir muito solitário mesmo. E isso tem desdobramentos físicos: segundo uma pesquisa dinamarquesa, pacientes cardíacos que se sentem sozinhos correm maior risco de morrer dentro de um ano após receber alta do hospital; estudos anteriores já indicavam que a solidão e o baixo apoio social estão associados a um risco maior de desenvolver doença arterial coronariana, e inclusive de morrer disso. Essa mesma pesquisa trouxe outra informação muito relevante: a amizade pode afetar a saúde física e psíquica. Ou seja, se mostrar disposto a apoiar uma pessoa que está em sofrimento é um gesto muito valioso que vai além de homenagens no Instagram no dia do aniversário.

Por mais óbvio que seja, precisamos lembrar que uma rede social não necessariamente significa uma rede de apoio, e no fim das contas relações humanas se dão mais no abraço da vida real do que nas interações de uma postagem.

8

RESPONSABILIDADE AFETIVA

Da série "memes que soltam verdades dolorosas": "E essa boca aí, só beija ou também tem responsabilidade afetiva? Deixa tudo claro desde o início, ou só dá corda para alimentar o ego?".

Muito falamos sobre a cilada dos relacionamentos abusivos, mas a falta de responsabilidade afetiva, se não chega a tanto, é uma forma de comportamento bastante tóxica também. Qualquer pessoa pode deixar o ego falar mais alto e acabar ferindo o outro, portanto fica a questão: você tem responsabilidade com as pessoas com quem se relaciona?

Responsabilidade afetiva é voltar seu ego, carência e desejo por atenção para o lugar certo. É ter cuidado com o sentimento do outro e avaliar se, mesmo sem querer, estamos sendo a pessoa que ilude, ignorando que amanhã podemos ser as iludidas.

Responsabilizar-se pela expectativa que se cria e ser honesto quanto aos próprios sentimentos são princípios básicos de uma relação a dois saudável. Ambos os lados devem estar cientes do nível de afeto envolvido e só retribuir se for de comum acordo. Ninguém é obrigado a estar junto, mas é preciso ser claro quanto ao que se deseja dar e ao que se espera receber, para evitar mal-entendidos catastróficos.

Imagine que esteja saindo direto com alguém que parece estar na mesma vibe que você; essa pessoa te dá atenção, vocês trocam mensagens, um procura o outro com a mesma frequência. De repente, a pessoa some do mapa e reaparece namorando, sem te avisar nada. Houve uma ruptura brusca no que rolava entre vocês, independentemente do que fosse. Por mais que não houvesse exclusividade, havia uma troca recorrente, e isso dá a entender que os dois lados estavam igualmente disponíveis. Se você soubesse que havia uma terceira pessoa na jogada, num nível mais avançado de relacionamento, com certeza estaria mais preparada e teria se blindado de alguma forma. E é exatamente disso que se trata a reponsabilidade afetiva: deixar as coisas claras para que ninguém saia magoado.

Por motivos óbvios, a mulher se sente mais pressionada a ser sincera. Não é exagero dizer que costumamos deixar mais claro quando não queremos namorar; com frequência até terminamos o rolo se o cara quiser algo mais sério e a gente não. Isso é natural porque estamos sujeitas a enfrentar mais julgamentos e consequências se nutrirmos as expectativas de dois ou mais parceiros ao mesmo tempo. Já com os caras heterossexuais o cenário é um pouco diferente. É comum ver homens mantendo relações casuais com mais de uma mulher, mandando sinais contraditórios ou até fazendo cobranças, sem ter a pretensão de namorar. Parece simples dizer: "Eu não quero um relacionamento sério, só quero ficar. Estou deixando claro para que você decida se topa ou não", mas assim ele correria o risco de levar um não ou de ter que dividir sua parceira com outros caras. Na prática, é muito mais confortável não se indispor e também não precisar assumir compromisso nenhum.

A nossa sociedade educa o homem para ser pegador, não importa em que fase da vida esteja. Quanto mais contatos eles tiverem à disposição, melhor. Sem contar que ganham pontos por não bancarem os sentimentais: conversar sobre sentimentos e sobre a relação é besteira para eles. A falta de responsabilidade afetiva de um macho alfa ganha força na insegurança da mulher que topa esse tipo de relação desigual e ainda vai carregar sozinha o peso de fazer dar certo. Os sinais de enrolação estão na cara, mas por vezes ela não quer ver ou topa o desafio de ser responsável pela mudança daquele homem. Pensa: "Ele diz que não quer namorar, mas comigo vai querer".

É por isso que não adianta só cobrar que as pessoas tenham responsabilidade afetiva, essa consciência precisa vir de nós mesmas. Até quando vamos achar que é possível mudar alguém? Ninguém muda porque a gente quer ou precisa. Não é do outro a responsabilidade pelas nossas expectativas. Concordamos que ser iludidas é muito ruim, mas se a gente fantasia, romantiza demais uma relação, chega a um ponto em que a responsabilidade passa a ser nossa também. O outro nunca vai suprir todas as nossas expectativas, é impossível.

Em um relacionamento em que há responsabilidade mútua, o outro oferece a verdade dele e você escolhe se quer entrar ou continuar ali. Com tudo às claras, ambos têm a mesma chance de fazer uma escolha responsável. Pode doer, pode frustrar, mas é preferível receber uma resposta negativa do que continuar em um jogo no qual os sentimentos estão em disputa.

Mais complexo ainda é quando a pessoa se sente confortável para criar laços com você, falar coisas muito substanciais, dizer que te ama, te levar para conhecer a família dela, apresentar para os amigos, e mesmo assim não assume um compromisso sério com você. É responsabilidade sua estar nisso. E do outro também, porque ele alimenta sua carência, quer você disponível. Como dizia Alcione naquela canção: "Você não me quer de verdade/ no fundo eu sou sua vaidade".

Quando a comunicação entre as partes é franca e aberta, a chance de haver mal-entendidos é menor. Pode não ser fácil se expor para a outra pessoa, mas evita complicações maiores. Por sua vez, para que fique claro para o outro, você tem que saber o que sente de verdade: "Quero mesmo estar com essa pessoa como ela é ou para ficar junto preciso ignorar que ela me machuca?".

Às vezes, fazer essa pergunta em alto e bom som pode levar ao fim da relação. Se a pessoa diz que não quer nada sério com a gente e que só está sendo legal porque é assim com todo mundo, temos que nos responsabilizar pelos nossos desejos e nos retirar. Mas para evitar a frustração, vamos empurrando com a barriga, ignorando os sinais emitidos pelo outro e talvez até exigindo ser tratadas de maneira responsável. No entanto, se ignoramos os nossos sentimentos, por que o outro não vai ignorá-los também?

A verdade machuca uma vez só: "Não quero ter um relacionamento sério com você", "Não quero me responsabilizar por uma relação porque minha prioridade no momento é outra". Mas ficar se iludindo machuca mais, porque a mentira precisa ser alimentada o tempo todo para parecer verdade.

Existe diferença entre se relacionar com um mentiroso contumaz, que gosta de enganar e manipular os outros, que só se relaciona com esse propósito, e estar com alguém que está só vivendo o momento e não quer construir uma relação séria. São dois perfis bem distintos, mas em meio à dor do término tem quem acabe confundindo as coisas e comece a colocar no outro o peso de ter sido tudo uma mentira.

Vamos supor que você saia com alguém bacana, tenha momentos legais com essa pessoa, mas a relação nunca tenha passado de encontros casuais. Pode ter afeto envolvido, e você pode estar desenvolvendo sentimentos mais profundos, mas nunca teve abertura para exigir nada, nem para estabelecer acordos. De repente, a pessoa começa a namorar alguém, e você, que estava ali antes, se sente enganada. Mas não teve nenhuma mentira, simplesmente porque não houve nenhum acordo claro, vocês nunca nem tocaram no assunto.

A gente precisa de uma vez por todas entender que as regras que movem a nossa vida não movem a vida do outro, ser claro e objetivo pode nos livrar de vários sofrimentos.

O acordado não sai caro. Mais do que se responsabilizar pelos outros, precisamos nos responsabilizar pela gente. Quanto mais tempo passamos em um relacionamento, mais envolvidas ficamos. Se nunca falamos sobre acordos, se nunca tivemos uma conversa sobre os termos estabelecidos nessa relação, qualquer coisa que a gente venha a imaginar é responsabilidade nossa.

Por mais difícil que seja escutar "Estou ficando com outras pessoas, sim", quando você sabe disso tem a chance de escolher entre continuar saindo com essa pessoa ou assumir que não consegue lidar com essa situação e que prefere se retirar, ou vai se apegar cada vez mais. Com as opções definidas, existe a possibilidade de escolha. Quando tudo fica no campo da suposição, a realidade pode se apresentar de um jeito bem diferente.

Talvez os problemas nesse campo surjam de uma perspectiva monogâmica, em que ser prioridade e receber atenção exclusiva sejam parâmetros quase tão importantes quanto a troca de afeto. Reparamos isso, inclusive, em relações de amizade. Certas amizades dependem de contato diário; se um dos lados fica uma semana sem falar ou não inclui o outro em um programa, a relação fica estremecida. Mas há também amizades em que é perfeitamente normal ficar meses sem contato, conversar apenas sobre assuntos específicos em comum ou ainda se encontrar apenas em determinadas ocasiões. Nesse caso, há um entendimento tácito de que o vínculo afetivo não depende da dedicação exclusiva de ambos os lados, mas é permeado de outras situações e relações da vida.

Nossas expectativas sobre como o outro deve agir podem ser altas demais e levar a um descompasso. Se você, por exemplo, é uma pessoa muito dedicada ao outro, está sempre presente e interessada, mas tem um amigo ou amiga que não telefona toda hora nem pergunta todo o tempo se você está bem, que demonstra menos afeto do que você gostaria, um descompasso na frequência afetiva poderá ser um problema para a amizade de vocês.

O psicanalista Christian Dunker, autor do livro *Reinvenção da intimidade: Políticas do sofrimento cotidiano*, afirma que estamos vivendo uma fase de fluidez relacional. Ele estuda os relacionamentos modernos e fala da abertura completamente nova para experiências de intimidade, sexualidade, e do surgimento de tecnologias como os aplicativos, que nos permitem estar o tempo todo engajados em múltiplas conversas, seja em relações românticas, seja em amizades. O celular é quase a extensão das nossas mãos, então estamos o tempo inteiro "falando" com vários amigos que demandam atenção com frequência e de tipos diferentes. Dunker faz um alerta:

Essa é uma situação de colapso da responsabilidade afetiva, a de se colocar em um número maior de relações do que você pode conduzir. Inevitavelmente, alguém vai se machucar nessa história. Se alguém está saindo com duas (ou mais) pessoas ao mesmo tempo, existe a chance de desenvolver um sentimento mais profundo, uma intimidade maior, por alguém. Até aí, tudo bem. Mas, se o outro se apaixonar por quem não está a fim de compromisso, a pessoa irá sofrer. Por esse motivo, todos os envolvidos em uma relação precisam estar cientes dos riscos para escolher se querem corrê-los ou não.

Estar ciente dos riscos é ter responsabilidade afetiva, ter o mínimo de afeto e respeito por si mesmo e pelas pessoas com quem a gente se relaciona.

Em termos mais práticos, aqui vão algumas dicas de Christian Dunker para agir com responsabilidade afetiva:

- Não dê ao outro muito mais ou muito menos intimidade do que você está recebendo.
- Não se afaste do que você está sentindo.
- Não traia a si mesmo: se você não se importa com uma pessoa, jamais diga que a ama.
- Mantenha-se cuidadosa com o seu relacionamento, pense em você e no outro.

A responsabilidade afetiva deve mediar todas as nossas relações, tanto românticas quanto de amizade.

Reflita e pense em quem são as pessoas para quem você direciona os seus afetos. Não dá para ter cinquenta amigos desses com que se pode contar para tudo. Ainda que poucos, esses são os amigos que a gente leva para o resto da vida. Sejamos responsáveis com o que sentimos e pensamos.

9

AMIZADE

Quem tem um amigo tem tudo
Se o poço devorar, ele busca no fundo
É tão dez que junto todo estresse é miúdo
É um ponto pra escorar quando foi absurdo

Quem tem um amigo tem tudo
Se a bala come, mano, ele se põe de escudo
Pronto pro que vier mesmo a qualquer segundo
É um ombro pra chorar depois do fim do mundo

O amigo é um mago do meigo abraço
É mega-afago, abrigo em laço
Oásis nas piores fases quando some o chão e as bases
Quando tudo vai pro espaço...
"Quem tem um amigo (tem tudo)",
Leandro Roque de Oliveira e Wilson das Neves

Amizade é um relacionamento de afeto e carinho entre pessoas que nutrem sentimentos de lealdade e proteção umas pelas outras. Não é exagero dizer que todas as relações humanas partem do princípio da amizade, ou pelo menos é assim que o filósofo grego Aristóteles pensava. Para ele, existiam três tipos de amizade:

- **Por prazer**
  É a mais frequente entre pessoas jovens, pois estas vivem perseguindo suas paixões, aquilo que para elas é aprazível. Ambos os lados conseguem aquilo que desejam pois são complacentes um com o outro, essa é a base da amizade recíproca. Tem como elo uma paixão compartilhada, como algum esporte, uma banda, festas... Mas como nossas paixões podem mudar conforme envelhecemos, essas amizades podem ser mais impermanentes e frágeis; tendem a findar.

- **Por utilidade**
  O benefício mútuo é o vínculo que liga duas pessoas nesse tipo de amizade, o que faz com que pessoas diferentes tornem-se amigas, buscando no outro aquilo que não possuem. Essa amizade é a mais fácil de ser diluída, pois quando uma pessoa deixa de ser útil para a outra, o laço se rompe. Como é a utilidade que sustenta esse tipo de amizade, as reclamações e as censuras costumam ser mais frequentes. A famosa amizade por interesse.

- **Por virtude ou verdadeira**
  São as amizades que tendem a se manter durante toda a vida; são íntimas, profundas e correm como um rio, sem precisar de interferência. Não têm um objetivo em comum, além do desejo de apreciarem a companhia um do outro. Nesse tipo de amizade, as pessoas se sentem mais à vontade para discutir as suas divergências, sem tentar se impor um

ao outro. As alegrias são compartilhadas e esses amigos tendem a crescer juntos.

Já falamos um pouco de responsabilidade afetiva e frequência afetiva, talvez agora seja o momento de voltar a essas questões para entender que nem sempre uma frequência menor significa falta de responsabilidade do amigo. Dando exemplos do nosso tempo, algumas pessoas podem responder a mensagens de imediato, outras podem demorar e mesmo assim nos dar suporte quando precisamos. Há pessoas que preferem ficar mais isoladas e se relacionar com pouca gente, outras se sentem desconfortáveis de fazer videochamadas. Enfim, não é porque algumas pessoas são mais extrovertidas que podemos cobrar a mesma abertura de todo mundo.

É muito complicado cobrar disponibilidade dos amigos, já que existem diversas configurações de tempo para o trabalho, que acabam impactando o tempo para o lazer e para a família. É muito importante que a gente tente entender o lado do outro.

Mas atenção, não é só porque compreendemos o outro lado que estamos livres de nos colocar acima do outro. Eu, Karina, por exemplo, passei por uma situação assim. Tive um atrito com uma amiga de longa data e levei a questão para a terapia, dizendo que esperava outra reação dessa amiga. A resposta da minha terapeuta foi me lembrar que a responsabilidade pelas minhas expectativas era minha: "Não é porque você esperava uma reação da sua amiga que ela precisava ter feito exatamente isso. Ela foi sincera, poderia ter omitido que estava chateada, mas foi aberta. Não cabe a você julgar se ela está certa ou errada, cabe a você aceitar que no momento ela está chateada. Pode ser que demore para passar ou que nunca passe, mas você precisa lidar com isso". Dei esse exemplo aqui para mostrar como a autonomia dos nossos sentimentos e das nossas expressões não serve só para nós. Os desejos e sentimentos do outro não têm que caber na minha expectativa, e entender isso é respeitar a autonomia do outro.

Zelar por uma amizade não é necessariamente ligar todo dia para a pessoa, mas demanda, sim, mostrar que cuida da relação, que se importa. É importante saber que nem sempre o outro vai demonstrar o cuidado da mesma forma que a gente. As pessoas operam em frequências afetivas diferentes, não podemos colocar no outro uma expectativa que é só nossa. Amizade requer generosidade e respeito, inclusive pelos limites da outra pessoa.

Às vezes você se afastou de amigas por divergências políticas, por exemplo, mas ainda as aprecia e ainda conversa com elas. Mesmo assim, é inegável que diferenças de valores podem abalar amizades, e mesmo mantendo algum diálogo, nem tudo é falado e compartilhado.

As amizades se mantêm por terem algum ponto em comum, por existir um ponto de conforto onde você sinta abertura para compartilhar com outra pessoa as coisas da sua vida. Então, pode ser que na área política vocês pensem diferente, mas em todas as outras tenham uma boa conexão. Ou então vocês podem ter crenças religiosas radicalmente diferentes e mesmo assim conseguirem ser amigos.

Isso tem a ver com o que a gente tolera do outro. Todo mundo tem valores negociáveis e inegociáveis. Seus amigos não compartilham do amor pelo seu time de futebol, ou nem ligam para o esporte, e a amizade continua porque há tolerância. Mas outra pessoa pode pensar diferente e levar o futebol a ferro e fogo, não tolerando quem não torce para o mesmo time. Estamos falando de futebol, mas poderia ser de religião, política ou outros interesses que de tão importantes para certas pessoas as tornam mais exigentes com as amizades.

A amizade está muito ligada a suporte. Reflita: para quem você liga se está passando por uma grande dificuldade, como a perda de um parente? E se acontece uma coisa muito incrível, quem são as pessoas com que você vai compartilhar a notícia?

Entender que os nossos amigos não são o nosso espelho pode ser um exercício de anos. Afinal, vai haver assuntos em que a gente vai divergir e isso não pode ser um problema, não pode ser sinônimo de que a amizade acabou, mas apenas de que somos pessoas diferentes. Há amigos que, mesmo vivendo em um bairro distante ou em outra cidade, continuam íntimos por anos, e outros que eram amigos de infância e que não levamos para o resto da vida, e tudo bem.

Tem a ver com desapego. Entender que existem amizades que vão ficar para trás e outras que são sazonais porque o que unia vocês era a faculdade ou um trabalho que acabou é um exercício de desapego que a gente precisa fazer. Às vezes ficamos presas em relações só porque um dia elas já fizeram sentido, mas insistir em manter a amizade com quem não temos mais nada em comum pode trazer muita dor de cabeça. A verdade é que a amizade já acabou e vocês não querem admitir.

A vida muda muito, aquela pessoa que você jurava que seria madrinha dos seus filhos nem fala mais com você. A gente vai crescendo, amadurecendo e deixando coisas para trás, enquanto conquista novas.

Há quem tenha uma intuição muito forte e de cara já perceba se uma pessoa é ou não digna de confiança. E existem os superingênuos, abertos demais, crédulos demais, que tendem a quebrar a cara mais vezes. Pessoas que relativizam comportamentos alheios muitas vezes padecem de vontade de agradar o outro, mesmo que para isso tenham que relevar suas próprias mágoas.

Seja ou não algo que depende de intuição, identificamos uma amizade verdadeira quando os amigos são as pessoas a que recorremos quando algo muito bom ou muito ruim nos acontece. Se é a esta e àquela pessoa que recorro, é porque elas são minhas amigas.

Alguns têm muita facilidade em fazer novas amizades, estão abertos e dispostos a conhecer outras pessoas, mas existe também quem esteja satisfeito com seu círculo de amizades, que pode ser pequeno, mas confiável.

Conserve os seus amigos, poucos ou muitos, contanto que você também seja para eles o amigo que gostaria de ter.

E citando mais uma vez a estrofe:

Quem tem um amigo tem tudo
Se o poço devorar, ele busca no fundo
É tão dez que junto todo estresse é miúdo
É um ponto pra escorar quando foi absurdo

RELAÇÕES RACIAIS

10

AUTO-ÓDIO

"Ser negro é ser violentado de forma constante, contínua e cruel, sem pausa ou repouso, por uma dupla injunção: a de encarar o corpo e os ideais do ego do sujeito branco e a de recusar, negar e anular a presença do corpo negro." Esse é um trecho do prefácio escrito por Jurandir Freire Costa para o livro *Tornar-se negro*, de Neusa Santos Souza. O auto-ódio é o processo de internalização dos preconceitos de uma cultura dominante pelo próprio grupo discriminado. Assim, pessoas negras sentem aversão a características fenotípicas e culturais que as caracterizam como pessoa negra e desprezam esses mesmos traços nos outros. Esse fenômeno só é possível porque houve um processo de colonização, pessoas vieram escravizadas para as Américas e até hoje muitos dos seus descendentes continuam aqui. O auto-ódio também existe no continente africano, porque a colonização alcançou a todos, os que foram traficados e os que permaneceram ou retornaram, e transformou o branco no ideal a ser alcançado e no modelo a ser seguido.

Em *Memórias da plantação: Episódios de racismo cotidiano*, Grada Kilomba aborda o conceito desenvolvido pelo psiquiatra e filósofo político francês-antilhano Frantz Fanon sobre o outro da pessoa negra, construído em oposição à pessoa branca. Ou seja, o negro é aquilo que o branco não é, as características positivas do branco, aquelas que o branco enxerga em si e considera positivas, não podem ser encontradas na pessoa negra.

O auto-ódio se baseia na comparação entre o que reconhecemos na gente e o que vemos como cultura dominante. No exemplo a seguir, Grada Kilomba escancara uma situação em que o ponto de referência é o branco, à luz do qual a produção intelectual do negro é menos relevante.

Como acadêmica, é comum dizerem que o meu trabalho acerca do racismo cotidiano é muito interessante, porém não muito científico. Tal observação ilustra a ordem colonial na qual intelectuais negros residem, "você tem uma perspectiva demasiado subjetiva, muito pessoal, muito emocional, muito específica", esses são os fatos objetivos, tais comentários funcionam como uma máscara que silencia nossas vozes assim que falamos, elas permitem que o sujeito branco posicione nossos discursos de volta nas margens como conhecimento desviante, enquanto seus discursos se conservam no centro como a norma.

Quando eles falam é científico, quando nós falamos é acientífico, quando eles falam é universal, quando nós falamos é específico, quando eles falam é objetivo, quando nós falamos é subjetivo, quando eles falam é neutro, quando nós falamos é pessoal, quando eles falam é racional, quando nós falamos é emocional, quando eles falam é imparcial, quando nós falamos é parcial, quando eles falam eles têm fatos, quando nós falamos nós temos opiniões, quando eles falam eles têm conhecimento e quando nós falamos nós temos experiência.

Essa experiência ilustra bem a perversidade do esquema baseado na comparação, em que de um lado o colonizador tem tudo e o colonizado não tem nada, um representa a beleza e a sabedoria, enquanto o outro é a feiura e a violência.

Quando começamos a pesquisar sobre auto-ódio, encontramos escritos de intelectuais negros publicados desde pelo menos 1983 e que nós não conhecíamos. Isso mostra que esse tema não é novo, mas ainda é pouco debatido e problematizado. A cada dia desconstruímos um pouco o auto-ódio, mas ele ainda exerce muita força sobre todas as pessoas negras no Brasil. Neusa Santos Souza reconheceu a dificuldade de reverter esse processo: "Nada pode macular essa brancura que, a ferro e fogo, cravou-se na consciência negra como sinônimo de pureza artística; nobreza estética; majestade moral, sabedoria científica".

O que passa na televisão, as imagens que encontramos nas revistas, os filmes a que assistimos, tudo isso gera um modelo a ser seguido, constrói a ilusão de qual é a melhor forma de estar no mundo. Somos dominadas por essas representações e elas influenciam a nossa autoimagem. Sem perceber, nos mutilamos para assumir um modelo de beleza que não nos aceita. Desde os dez, onze anos meninas negras passam produtos para modificar a estrutura dos cabelos; os crespos devem ficar ondulados e os cacheados devem ficar lisos. São químicas capazes de queimar e arrancar sangue do couro cabeludo, mas que devem ser passadas a cada quinze dias, ou cada vez que a raiz natural do cabelo despontar na cabeça. Em nome do que fazemos isso conosco e com nossas crianças? A resposta é: auto-ódio.

Outro alvo preferencial da autonegação do corpo negro é o nariz. Na nossa infância, as mães recentes eram aconselhadas a molhar os dedos na própria saliva e esfregar no narizinho do recém-nascido para afinar. Mais velhas, as crianças desfilavam com as narinas tapadas por pregadores de roupa com o mesmo objetivo.

É mais ou menos esperado que as mulheres recorram a procedimentos estéticos, mesmo os mais dolorosos, para se adequar ao ideal de beleza que a sociedade construiu para elas. Seu comportamento também é vigiado: não use essa roupa, evite aquela estampa, adote cores sóbrias, passe longe do cabelo black se pretende ser levada a sério no ambiente profissional, faça isso, faça aquilo.

Muitas mulheres negras chegam a tal ponto de alienação da própria dor que acreditam que seu cabelo, crespo ou cacheado, "não combina" com elas. Olhar para si mesma e dizer que algo em você não combina com sua aparência revela um processo de auto-ódio: o cabelo que nasceu com você, que faz parte do seu fenótipo, que lhe transmite uma parte de sua mãe ou do seu pai é ressignificado como algo que não deveria estar ali, que traz desarmonia para o seu corpo.

O "não combina" vem de fora, é reiterado em todos os espaços o tempo inteiro, até que uma hora nos convencemos e passamos a "concordar" que o belo está fora de nós. A negativação dos traços negros está internalizada não só na gente, mas na sociedade como um todo. As dinâmicas raciais se dão porque a forma de convivência é relacional, nos relacionamos uns com os outros. Quando afirmamos que não nos vemos, seja em imagens positivas, seja em locais de destaque, seja como símbolo de beleza, é porque somos saturadas por imagens de pessoas muito diferentes de nós, e o ideal de beleza acaba ficando distante do que somos.

Muitas vezes na nossa convivência diária também estamos cercadas de pessoas que não são parecidas conosco, ou que são parecidas mas se comportam de outra forma. Esse hábito ou esse comportamento alheio vai nos ensinar através do exemplo como devemos nos portar. Quando somos crianças ou adolescentes, se vemos as mulheres da nossa família alisando os cabelos, se nossas mães alisam, se nossas tias alisam, nossas irmãs, nada mais normal do que alisarmos também.

Uma das formas de impedir que o auto-ódio se manifeste é, desde a infância, apresentar referências positivas às crianças, criar um repertório de imagens através de bonecas, livros, filmes, desenhos e programas de televisão com personagens negros bem construídos. Mas nada disso faz diferença se a criança não vir pessoas negras no seu entorno, se em sua comunidade, em casa, na escola, na vida social dos pais não houver pessoas negras também. Não adianta mostrar para as crianças e adolescentes pessoas negras em cargos de poder, apresentando programas e protagonizando narrativas audiovisuais se no cotidiano elas só tiverem contato com pessoas brancas.

Tem que existir uma conexão entre o que se fala e o que se vive. Filhos de casais inter-raciais ou crianças negras adotadas por famílias brancas que no dia a dia só veem pessoas negras em posições servis, como babás, empregadas domésticas, motoristas, entregadores, vão criar essa imagem do lugar do povo negro na sociedade.

Refletir sobre auto-ódio é muito importante para a gente entender o que acontece quando uma pessoa negra ataca outra. Existe uma série de argumentos falaciosos sobre o racismo, como dizer que os maiores racistas são as próprias pessoas negras porque mesmo sofrendo na pele reproduzem essa violência. Isso é o reflexo da falta de letramento racial, de compreensão mínima sobre como as relações raciais se dão em uma sociedade como a nossa, estruturalmente racista. Todos nós fomos criados aprendendo que a pessoa branca é o modelo ideal, mais especificamente o homem branco. Diante disso é possível compreender como pessoas negras podem reproduzir racismo, seja pelo auto-ódio seja contra as outras pessoas.

Você é criado para odiar tanto as suas características que, ao vê-las no outro, você o ataca, numa tentativa vã de exterminar aquilo de você. Apontar o dedo e humilhar, rir do outro no fundo são processos de autodegradação, como não dá para eliminar aquilo de você, acaba tentando eliminar o outro.

Existe um falso enaltecimento do negro que se autodeprecia de brincadeira, que faz piada com seu cabelo e seu nariz. Ele é visto como gente boa, bem resolvido, alguém que encara tudo com leveza, mas a verdade é que se trata apenas de uma pessoa mais palatável para os brancos, porque não vai esfregar na cara deles o tempo todo suas atitudes racistas. Na nossa geração e nas anteriores havia sempre aquela pessoa negra que para se inserir no grupo criava apelidos para si ou atacava outras pessoas negras. Isso faz parte do mecanismo social racista, que dita as relações pautadas nesse imaginário.

Embora hoje a gente tenha acesso ao conhecimento e a saberes diversos para desconstruir estereótipos como esse, alguns comportamentos depreciativos persistem. Nos anos 1940 nos Estados Unidos, o casal de psicólogos Kenneth Clark e Mamie Phipps Clark conduziu um experimento psicológico chamado "Teste da boneca", que consistia na exibição de duas bonecas, uma negra e outra branca, para várias crianças e pedia que apontassem qual boneca era bonita, qual era legal, qual era má, qual era feia. Todas as crianças atribuíram as características positivas às bonecas brancas e as negativas às negras. Era esperado que elas atribuíssem características positivas às bonecas parecidas consigo, mas por que não só as brancas fizeram isso?

Os atravessamentos raciais começam desde muito cedo: já na infância pessoas negras percebem que as suas características fenotípicas não são vistas como algo bom, que traços de beleza e inteligência são opostos aos nossos.

A Netflix disponibilizou no seu catálogo em meados de 2020 um documentário chamado *Skin*, que apresenta as mulheres negras nigerianas como grande parte do mercado consumidor de cremes clareadores de pele. Esses cremes, mesmo podendo causar queloides e câncer de pele, estão em quarto lugar no ranking dos produtos mais consumidos no país, perdendo apenas para sabão, leite e chá. A sociedade nigeriana — assim como os povos que foram colonizados, ou que foram traficados através do Atlântico — convive com a lógica da sociedade racista, em que quanto mais clara a pele melhor.

O colonialismo nos adoece, e o exemplo das mulheres negras nigerianas que tentam destruir um dos seus traços identitários mostra isso. Branquear a pele negra é a morte simbólica do ser negro.

A pesquisadora e escritora Aline Djokic, do Blogueiras Negras, escreveu um texto chamado "O clareamento da pele negra: A devastação do auto-ódio", que traz alguns dados sobre o uso de cosméticos clareadores:

Cremes de embranquecimento são hoje um problema muito sério em diversos países africanos e das Américas. Estima-se que mais de 60% das senegalesas usem produtos para clarear a pele; em Togo os números chegam a 58%; em Mali, 25%; e na Jamaica, mais de 40%. [...] O creme clareador é aplicado como qualquer outro para o cuidado da pele e em todo o corpo. Em alguns países africanos, porém, é comum encontrar mulheres que clareiam somente o rosto e as mãos por não poderem comprar o produto para o corpo todo.

Embranquecer a pele é auto-ódio, é tentar se matar, apagar uma característica sua, eliminar o máximo da sua identidade para que você seja menos você e mais o ideal de uma sociedade racista.

Precisamos encontrar a nossa identidade, afirmar o que gostamos e insistir na nossa maneira de ser. A maneira como nos vemos hoje influencia todo o nosso futuro. Se enxergar de forma positiva é uma grande mudança de vida. Na nossa experiência pessoal, fomos inundadas pelo auto-ódio desde a primeira infância, quando tentavam nos fazer parecer com um ideal de beleza e de comportamento que não tinha nada a ver com nosso jeito. Hoje estamos muito mais à vontade para nos colocar no mundo como somos e dar um basta à violência autoinfligida que é, por exemplo, se mutilar para ser aceita.

Mas precisamos não trocar um estereótipo por outro. Não existe só uma forma de ser negro e exercer a negritude. As pessoas negras são plurais, e precisamos estar atentas para que o auto-ódio não anule saberes em prol de outros mais hegemônicos. Quantas vezes não consideramos o conhecimento acadêmico superior ao conhecimento dos nossos mais velhos que não passaram pela educação formal? Isso é auto-ódio refletido na vivência do outro. Quando a gente está na adolescência, é comum não enxergar as nossas avós como pessoas sábias, comparando a sabedoria delas com outro tipo de conhecimento. Mas fazer esse resgate é muito importante, por isso nós duas citamos tanto as nossas mães: nossas mais velhas não precisaram passar pela academia para serem mulheres sábias.

É importante diferenciar o que é informação do que é conhecimento e sabedoria. Nem todo conhecimento é transformado em sabedoria, assim como muitas pessoas sábias não têm acesso a certos tipos de conhecimento. O saber clássico dá conta de uma forma de saber, mas existem diversas outras. A oralidade, por exemplo: quantas coisas a gente já não aprendeu escutando o outro? Quantas comunidades indígenas ou negras compartilham e passam à frente os saberes através da oralidade?

O auto-ódio faz a pessoa negra negar tudo o que é e internalizar processos violentos que a fazem se sentir simbolicamente morta. Você apaga os seus traços fenotípicos, esquece ou invisibiliza os saberes ancestrais que aprendeu com os seus mais velhos, e tudo isso para tentar parecer com o ideal do ego branco, de homem branco ou mulher branca. O que pode ser mais violento do que essa morte autoimposta em vida?

Os atravessamentos racistas são muito perversos e aniquiladores. Podem começar na primeira infância e deixar sequelas por toda a vida. A gente falou sobre a criação de crianças, e este é um exercício para fazer com elas, dizer: "Não importa o que você escute lá fora, aqui dentro eu vou construir a sua autoestima na base da valorização, do orgulho e do enfrentamento. Vou buscar formas e materiais para te encher de exemplos negros positivos".

Se você tem filhos ou pretende ter, deixe explícito todos os dias que eles são inteligentes, que você os aceita como são, que eles podem se expressar como quiserem. Isso faz diferença!

O documentário *Olhos azuis*, de 1996, é um experimento social feito pela professora e socióloga estadunidense Jane Elliott. Ela mostra o quanto o incentivo e o reforço da ideia de que a criança é inteligente e capaz de alcançar seus objetivos fazem toda a diferença no desempenho escolar e nas relações sociais. Então, dentro de casa faça isso desde já.

Agora, quem é adulto precisa criar ferramentas para se descobrir potente e romper com esse ideal do ego branco. Romper totalmente não dá, mas a gente caminha sempre em direção a esse rompimento. Logo na introdução do *Tornar-se negro*, Neusa Souza Santos afirma que "uma das formas de exercer a autonomia é possuir um discurso sobre si mesmo", portanto construa um discurso sobre o que você é, por mais que neste momento você não se veja como a pessoa que pretende ser. Diga para si mesma: "Eu sou inteligente, sou capaz, tenho potencial, sou bonita, vejo as minhas qualidades, tenho coragem". Mesmo que você ainda não seja o que pretende ser, diga no presente: "Tenho coragem de me colocar no mundo da forma que quero, tenho coragem de levantar a voz quando é preciso, tenho coragem de aceitar a minha estética e a expor", "Gosto do meu cabelo, gosto do meu nariz", "Gosto da minha cor". Se construa, se autodefina, defina os seus gostos, defina a pessoa negra que você é.

Em uma entrevista antiga que viralizou na internet recentemente, vimos Toni Morrison, estadunidense e primeira escritora negra a receber o prêmio Nobel de literatura, dizer que se colocava no centro todas as vezes que alguém a definia como margem. Autodefinição é isso; afirmar as suas características positivas, pensar estratégias para romper com o ciclo do auto-ódio e construir a sua autoridade sobre si.

A gente precisa se colocar no centro. Você, pessoa negra, coloque-se como a pessoa mais importante da sua narrativa. O que você fala importa, o que você escreve importa, a forma como se coloca no mundo importa, você está sendo exemplo para outras pessoas, as que estão a sua volta e as que você nem sabe que existem, então saia da margem onde foi posta e se posicione no centro. Quebre o ciclo de auto-ódio, reconheça todas as características positivas que você tem e recuse todos os estereótipos negativos que a sociedade racista insiste em colocar sobre você.

II

RELAÇÕES INTER-RACIAIS

> — *Não vou aceitar que o nosso filho*
> *se vitimize por ser quem ele é.*
> — *Não vou aceitar o nosso filho*
> *se desculpando por ser quem ele é.*
> Diálogo entre o pai (branco) e a
> mãe (negra) no filme *American Son*

Talvez você tenha assistido a esse filme na Netflix, e se não o fez, recomendamos que corra atrás. *American Son* é estrelado pela atriz estadunidense Kerry Washington, que, como todo o elenco do filme, também estrelou a peça homônima na Broadway. Ambos se passam num cenário só, e isso produz uma atmosfera de limitação que, ao lado da quantidade gigante de informação nas falas da protagonista, causa no espectador uma sensação de angústia e tensão. Um dos aspectos interessantes do filme é retratar a relação inter-racial entre pai e filho, que pode ser bastante desafiadora.

Nós, autoras, temos trajetórias muito diferentes: Gabi vem de uma família monorracial, com pouco contato com pessoas não negras, à exceção de um casal inter-racial de tia e tio. Uma família rodeada de pessoas negras. Karina, por sua vez, é fruto de uma relação entre uma mulher negra e um homem branco, e cresceu cercada de amigas e amigos também frutos de relações inter-raciais.

Para deixar claro, o que determinamos para nós, o que balizamos dentro do escopo íntimo e pessoal nas nossas relações, não necessariamente vai ser a bandeira que vamos levantar para os outros. Eu, Karina, gostaria de compartilhar minha experiência com vocês para que fique mais fácil entender o contexto e o lugar de que falo. Eu e minha mãe tínhamos uma relação muito próxima, conversávamos sobre muitas coisas, mas nunca sobre a separação dela e do meu pai, que aconteceu quando eu tinha quatro anos. Esse assunto a deixava muito triste e eu respeitava esse limite. Depois que ela faleceu, em 2016, em uma conversa com minha tia mais nova, perguntei algumas das coisas que não pude perguntar a minha mãe. Ela me contou que minha mãe, que era negra, sofreu muita discriminação da família do meu pai, que é branca. Era a única relação inter-racial nas duas famílias, mas foi a minha avó paterna que ameaçou chamar a polícia caso o filho insistisse em se casar com uma mulher negra. Isso aconteceu na década de 1970, mas marcou para sempre a relação deles. Ao acessar essa história, entendi de que forma foi construída a união dos meus pais e imaginei o que minha mãe deve ter passado, as coisas das quais ela teve de abrir mão para se casar com esse homem. Ironicamente, quando minha avó paterna adoeceu, quem cuidou dela até o fim da vida não foram as filhas ou as noras brancas, mas minha mãe.

Fazer parte de uma família inter-racial e ser uma mulher negra de pele clara me confere muitas passabilidades, mas também me lança num mar de não identidade: não sou totalmente daqui nem totalmente de lá. Ocupar um não lugar e falar de relações inter-raciais é, também, entender que vínculo quero estabelecer com a figura do homem branco, no caso o meu pai, que por muito tempo foi sinônimo de abandono.

Assim, ao assistir ao filme *American Son*, que aborda a questão do privilégio branco, das bolhas sociais e da solidão do despertar racial, me identifiquei.

Qualquer relação tem suas questões, as heterossexuais, as homoafetivas, relações monorraciais ou não, mas aqui estamos falando de uma questão específica. As nossas experiências influenciam muito a forma como nos relacionamos afetivamente. E considerando que as relações inter-raciais são a realidade de boa parte dos lares do nosso país, os filhos dessas relações muitas vezes na primeira infância já nutrem o que Neusa Souza Santos chama de "o ideal do branco" e a relação de auto-ódio que explicamos no capítulo anterior. Isso porque pessoas negras não são percebidas como pessoas dignas de amor e são ainda hoje colocadas no lugar do descarte em comparação com pessoas brancas, mesmo em núcleos familiares. Nessas relações, é comum que microagressões sejam normalizadas e que alguns comportamentos racistas sejam facilmente desculpáveis. Por exemplo, a mulher branca não quer que a filha puxe o cabelo crespo do pai "por ser mais difícil de cuidar"... e, no entanto, não aceita ser chamada de racista, afinal é casada com um negro. No fim das contas, a pessoa branca é vista como a de maior valor na relação, e esse tipo de coisa faz com que a criança fruto de uma relação inter-racial, mesmo sendo negra, tenha o seu primeiro amor por uma pessoa não negra.

É certo que não podemos escapar totalmente do machismo inerente às relações heterossexuais, e aí precisamos travar uma segunda batalha quando decidimos entrar em uma relação inter-racial. Justamente por isso o filme nos angustiou tanto. Porque mostra que, sim, é possível estabelecer conexões profundas com um companheiro branco, mas a pessoa socializada como branca, mesmo que te ame, muitas vezes vai tentar relativizar a sua dor nos embates raciais. Existem relações inter-raciais em que a pessoa branca pode não tentar minimizar o outro, mas são exceções. Quando uma mulher negra escolhe não passar por isso, essa escolha é pessoal e política.

Ao começarmos um relacionamento com alguém, em geral achamos aquela pessoa bonita, mesmo que ela fuja do padrão eurocêntrico do que representa ser belo, porque o nosso imaginário é capaz de construir e modificar os parâmetros do que é atraente, agradável e desejável. Encontrar beleza em pessoas parecidas com a gente, em pessoas com quem nos identificamos, faz com que também passemos a reconhecer nossa própria beleza, fechando assim um círculo virtuoso baseado no reconhecimento de que fazemos parte de um mesmo todo.

Somos muito mais do que os nossos corpos ou a nossa existência individual, e é por isso que pensamos em relações monorraciais como processos de restabelecimento de laços comunitários e de construção de afeto entre pessoas negras. Beleza e afeto são construções que vão sendo tecidas ao longo da vida, e se pensarmos que esta vida não termina em nós, que continua através dos nossos filhos (gerados ou não por nós), estabelecer esses vínculos hoje talvez torne possível que, no futuro, eles não precisem passar por uma construção de identidade tão pesada e conflituosa como a que pessoas nascidas de relações inter-raciais passam.

As relações românticas entre pessoas negras muitas vezes são compostas de duas pessoas com muitas dores causadas pelos atravessamentos raciais, duas pessoas com muita dificuldade de se abrir, de se mostrar minimamente vulneráveis porque foram ensinadas desde cedo a serem fortes, a nunca baixar a guarda, então é claro que as relações monorraciais não são livres de conflitos e dores. Nossa intenção aqui não é romantizar o encontro afetivo-sexual entre pessoas negras, mas problematizar o debate sobre elas. Será que não falta um pouco de sinceridade na hora de discutir relacionamentos monorraciais entre pessoas negras?

A nossa sociedade foi fundada numa política de embranquecimento que se reflete ainda hoje no imaginário de algumas famílias, que comemoram a oportunidade de clarear seus descendentes através de uma relação inter-racial. "Tomara que não puxe o cabelo do pai!", "Tomara que não puxe o nariz da mãe!" Por que as famílias torcem para o apagamento das características fenotípicas da pessoa negra da relação? Por que a criança não se parecer com esse pai negro ou com essa mãe negra é motivo de comemoração?

Conversando com outras pessoas já ouvimos que às vezes nos lares de casais inter-raciais pode acontecer uma escala de preferência de filhos por conta das características fenotípicas, como a quantidade de melanina: o mais claro é o mais querido, é o que mais se aproximou da redenção racial. Não podemos fechar os olhos para essas questões, é preciso trazê-las para o debate. Outro ponto fundamental que, muitas vezes, é evitado: não se pode achar que só porque uma pessoa está apaixonada ela não pode ser racista.

A gente gosta muito de uma série estadunidense chamada *This Is Us*, que, entre outros temas, aborda a adoção de uma criança negra por pais brancos. Em um dos episódios, o pai diz para o filho adotivo que o ama, mas num segundo momento esse pai tem uma atitude racista ao ignorar a raça do filho, ainda que a raça seja um fator decisivo para as interações que o menino está estabelecendo no mundo. Dá para dizer que esse pai não ama o filho? Ou que esse filho não ama o pai? Não. Eles se amam, e o pai quer o melhor para a criança, mas a partir do momento que ele presume que raça não é uma questão e que ele não precisa ver a cor do filho, está sendo racista. Assim como a pessoa branca que, numa relação inter-racial, diz que não é racista porque ama o companheiro ou a companheira. Amor e afeto podem conviver com o racismo, dentro ou fora do ambiente doméstico?

Na cena em questão, o pai diz: "Filho, eu olho para você e não vejo cor", ao que o filho responde: "Então você não me vê". Esse diálogo sintetiza muitas questões que atravessam as relações inter-raciais, e não só as amorosas. Aqui está em jogo uma relação entre um filho negro e seu pai branco, que desconhece e escolhe ignorar as problemáticas de raça que o filho vai enfrentar.

A gente, que trabalha com construção de imagem, estuda estética, estereótipo, sabe que as relações ocorrem também a partir do fator beleza. As pessoas se relacionam com quem acham bonitas, se cercam de objetos e coisas em que veem beleza, mas acontece que para achar uma pessoa ou uma coisa bonita você tem que ter tido referências de beleza semelhantes antes.

Voltando ao filme *American Son*, há uma cena muito reveladora da dificuldade de reconhecer a beleza na pessoa negra. A mãe está mostrando ao marido cada uma das características da aparência do filho que revelam quem ele é, sua trança, suas roupas, seu modo de falar, mas o pai não as aceita. Essa negação da realidade é muito parecida com a retratada na série.

A gente traz esses exemplos aqui para mostrar que o debate sobre relações inter-raciais não deve ficar circunscrito aos relacionamentos românticos. Precisamos falar de inter-racialidade também no escopo da família.

Frantz Fanon aborda os reflexos psicológicos e mentais da política do embranquecimento sobre as pessoas negras e como isso afeta todas as relações afetivas que essas pessoas estabelecem, não só as do tipo amoroso, mas também as amizades, as parentalidades. Quando lemos Fanon e entendemos o nosso lugar nessa estrutura social, passamos a nos ver e a ver os nossos afetos de forma mais positiva, o que acaba se refletindo em como enxergamos todos aqueles com quem temos laços de afeto. Toda a estrutura é fortalecida por esse afeto.

No livro *Por que eu não converso mais com pessoas brancas sobre raça*, a inglesa Reni Eddo-Lodge dedica um capítulo a uma conversa com uma mulher fruto de uma relação inter-racial. Um dos assuntos abordados é miscigenação; assim como no Brasil, no Reino Unido circula a ideia errônea de que os "bebês marrons" são a chave para a conciliação racial. Se fosse assim, argumenta a autora, os atravessamentos raciais no Brasil não seriam tão aflorados e pouco discutidos. Mesmo sendo um país com uma grande mistura de raças, o Brasil continua tendo graves conflitos raciais para resolver.

Outro tema muito pouco discutido nas conversas sobre relações inter-raciais é a questão do patrimônio, da posse, da herança financeira. O Brasil é um país capitalista, o que significa que para ascender socialmente é necessário ascender financeiramente. No entanto, o que vemos são famílias que deixam de ser negras em duas ou três gerações, de maneira que o patrimônio acumulado acaba nas mãos de pessoas brancas lá na frente. Ao não abordar esse tema, acabamos perpetuando a falta de entendimento sobre a importância de manter o patrimônio das famílias negras nas mãos de pessoas negras.

E por que isso é importante? Não só pelo patrimônio financeiro em si, mas porque muitas vezes é a partir dele que se consegue ascender a cargos públicos, influenciar decisões políticas, construir políticas públicas. Quando a família embranquece, isso de alguma forma se perde, e o poder se mantém em mãos brancas. É só olhar as fotos de pessoas públicas que vivem relações inter-raciais com filhos — é como se estivéssemos diante de uma releitura do quadro *A redenção de Cam*, do espanhol Modesto Brocos, em que o filho de Noé é representado como uma criança branca, "redimida" da escravidão pela miscigenação dos pais. A gente continua nesse processo, sabemos disso.

Falar de patrimônio e herança é falar de fortalecimento comunitário e, mais importante, de legado. Garantir provisões econômicas para pessoas negras se manterem depois que seus mais velhos não estiverem mais vivos é transmitir um legado para a geração seguinte. Um debate sobre relações inter-raciais precisa abordar os afetos e a construção de beleza, sim, mas não pode deixar de falar sobre os legados para as próximas gerações.

Isso não significa que você não possa aceitar o afeto de uma pessoa não negra, ou que não possa se relacionar com pessoas não negras, mas apenas que precisa pensar nas construções, no gostar, no belo, nas pessoas que a gente entende que merecem o nosso afeto, nas pessoas que a gente entende que merecem o nosso olhar.

Na pesquisa para o seu livro *Entre o encardido, o branco e o branquíssimo: Branquitude, hierarquia e poder na cidade de São Paulo*, a psicóloga Lia Vainer Schucman descobriu, por exemplo, que pessoas negras recebem três vezes menos esmolas e olhares do que pessoas brancas em situação de rua.

O nosso olhar está viciado, buscando o tempo inteiro ler quais são os lugares, os ambientes, quais são os afetos a que nós, pessoas negras, temos direito. Isso tem a ver com a construção de quem merece ser olhado e quem não merece. A gente tem que pensar a quem dar nossos afetos, qual é nossa construção do que é desejável, do que não é; qual é o corpo, qual é a figura de casal que para a gente representa ascensão.

Quando discutimos relações inter-raciais, estamos discutindo relações de todos os tipos, inclusive de amizade. Há pessoas que cresceram isoladas, sendo as únicas negras das escolas particulares onde estudaram e só fazendo amizades inter-raciais. Mesmo adultas, essas pessoas relatam pontos muito problemáticos de algumas dessas relações, nas quais eram sempre colocadas para baixo ou excluídas, e como isso deixou sua autoestima no chão. São amizades estabelecidas de forma muito equivocada, ainda que exista muito amor ali, ainda que essas pessoas sejam amigas de infância.

Quando se trata de relações inter-raciais, estamos falando de construção de beleza, de construção de desejo, de compartilhamento de afetos, e essa é uma tríade muito importante para nós. Sim, nós temos amigas e amigos brancos, mas escolhemos de forma consciente com quem compartilharemos os nossos afetos, da mesma forma que escolhemos com quem construiremos uma família.

O filme *American Son* pontua bem a questão da identidade da pessoa negra, principalmente dos filhos oriundos de relações inter-raciais e da pessoa negra que estabelece essa relação com uma pessoa branca. A narrativa mostra a crise gerada no interior dessas relações pelo despertar da própria identidade racial e cultural. A pessoa negra percebe o quanto precisou silenciar e adequar a si mesma para estar naquela relação. Algumas mulheres negras vivem essa situação; às vezes, já casadas e com filhos, ou mesmo num relacionamento que vem de longa data, elas passam a se entender como pessoas negras conscientes e se dão conta de que será muito difícil manter essa relação que antes parecia harmônica. Quando seus olhos se abrem, o peso da raça passa a ser sentido, e se revela o racismo que atravessava a relação, que impregnava as falas do seu companheiro ou companheira.

Essa é uma situação muito complicada, porque pode exigir uma tomada de decisão. Às vezes não vai ser possível continuar na relação; às vezes seu companheiro sempre foi racista e você só não tinha percebido. Mas também existe quem continuará tentando, em nome de toda uma história que foi construída. Essa é uma questão extremamente delicada, ainda mais quando se trata do Brasil, onde o despertar das pessoas negras para questões raciais ainda está em curso. Seja qual for a decisão, o importante ao se considerar uma relação inter-racial, de qualquer tipo, é ter clareza sobre a pessoa com quem você compartilha os seus afetos, em quem você deposita o seu olhar compassivo, quem pode adentrar o círculo mais íntimo e, finalmente, com quem pretende compartilhar o seu legado e o seu futuro.

12

COLORISMO

Colorismo é um tema muito abordado nas redes sociais, mas pouco compreendido. Chamar de "parda" ou de "falsa negra" uma pessoa negra de pele clara com o objetivo de silenciá-la numa discussão ou ainda valorizar mais a opinião de alguém por esse mesmo motivo são exemplos de colorismo. Aline Djokic define assim o fenômeno:

> O colorismo, ou a pigmentocracia, é a discriminação pela cor da pele e é muito comum em países que sofreram a colonização europeia e em países pós-escravocratas. De uma maneira simplificada, o termo quer dizer que, quanto mais pigmentada uma pessoa, mais exclusão e discriminação essa pessoa irá sofrer. Ao contrário do racismo, que se orienta na identificação do sujeito como pertencente a certa raça para poder exercer a discriminação, o colorismo se orienta somente na cor da pele da pessoa. Isso quer dizer que, ainda que uma pessoa seja reconhecida como negra ou afrodescendente, a tonalidade de sua pele será decisiva para o tratamento que a sociedade dará a ela.

O termo foi utilizado pela primeira vez em 1982 pela escritora estadunidense Alice Walker, no artigo "Se o presente se parece o passado, como será que o futuro se parece?", do livro *Em busca dos jardins de nossas mães*.

Quando começamos a debater quem é preto e quem não é, quem se autodeclara e quem não, quem entra em "Wakanda" e quem fica de fora, não podemos esquecer que essa discussão vai muito além de memes e piadinhas de internet: estamos falando de dados sociais nos quais as políticas públicas se baseiam. De acordo com o censo do Instituto Brasileiro de Geografia e Estatística (IBGE) de 2010, 54% da população brasileira é negra, o que dentro dessa classificação é a soma de pretos e pardos. Grande parte das conquistas sociais da população negra, especialmente as políticas de ação afirmativa, é baseada na autodeclaração, e é um desserviço desmerecer os critérios do IBGE e trazer a discussão para termos pessoais, argumentos influenciados por experiência, opinião e vivências.

O colorismo diz respeito a pessoas negras oriundas de famílias inter-raciais e que têm dúvida se são negras ou não. Pessoas brancas não discutem colorismo porque não há dúvida de que são brancas. No Brasil, no entanto, vemos pessoas sendo postas à prova mesmo sendo filhas de casais negros, basta para isso que o casal tenha a pele mais clara. Precisamos mesmo discutir a realidade brasileira.

Em julho de 2016 a gente participou de um debate no Odarah Bazar, no centro do Rio de Janeiro, ao lado da empresária e historiadora Jaciana Melquiades e da atriz Nayara Justino. Enquanto discutíamos sobre os impactos do colorismo, Nayara contou do cruel episódio que viveu em 2014, dias depois de ganhar o concurso Globeleza no *Fantástico*. Embora o posto de musa do Carnaval da Rede Globo fosse voltado para mulheres negras, Nayara, a primeira mulher retinta eleita, foi alvo de muitos comentários maldosos e racistas nas redes sociais. Como resultado, ela acabou perdendo seu posto e sendo demitida da emissora sem maiores explicações.

É exatamente disso que se trata o colorismo, o braço mais forte do racismo na manutenção de espaços que ainda são exclusivamente brancos. A pessoa de pele mais clara vai transitar com mais facilidade do que alguém de pele escura. Mas esse acesso não se dá por aceitação da pessoa negra, e sim por tolerância; ou seja, se o espaço precisa ser ocupado por pessoas negras, qual tipo de pessoa negra os brancos preferem? As que têm menos características fenotípicas negras. Assim, não se pode dizer que não há negros ali, contanto que essa pessoa negra seja o mais semelhante possível ao padrão do branco (pele mais clara, cabelo menos volumoso, nariz mais fino).

Segundo Najara Lima Costa, professora de sociologia, a concessão é feita por meio de um processo chamado mimetismo, que é quando a pessoa branca apaga, invisibiliza os traços negros do outro, fazendo com que ele se pareça consigo. Pessoas negras podem, elas mesmas, "apagar" seus traços negros com vistas a conseguir esse acesso ao mundo branco, por exemplo alisando os cabelos. Seja quem for o responsável pelo apagamento, é fato que pessoas negras de pele clara têm mais facilidade de se passar por brancas do que as de pele escura.

É difícil encontrar uma pessoa brasileira que não tenha tido nenhuma interferência de outra etnia/raça no seu histórico familiar. Por mais que o povo brasileiro seja misturado, no entanto, isso não quer dizer que não existam pessoas socialmente lidas, colocadas, vistas e tratadas como brancas e pessoas socialmente lidas, colocadas, vistas e tratadas como negras. Muito mais do que o tom da pele, são as diferenças históricas, sociais, políticas, midiáticas e de tratamento que determinam o que são pessoas negras e pessoas brancas no Brasil.

Os movimentos negros são múltiplos — a solidariedade das favelas, as escolas de samba, o movimento de mulheres negras, a resistência dentro das comunidades de fé, a articulação política em torno da corrente antirracista, entre outros — e vêm aprofundando discussões como representatividade na mídia, na política e nos espaços de poder, proporcionalidade, rompimento dos estereótipos negativos, ações afirmativas, políticas públicas e branquitude.

O professor e estudioso inglês da branquitude Richard Dyer escreveu em seu livro *White: Essays on Race and Culture* [Branco: Ensaios sobre raça e cultura], que:

> Não existe posição que tenha mais poder do que aquela de ser "apenas" humano. O direito ao poder é o direito a falar por toda a humanidade. Pessoas racializadas não podem fazê-lo, podem apenas falar pela sua raça. Mas pessoas não racializadas podem fazê-lo, porque elas não representam o interesse de uma raça. Atribuir aos brancos uma raça é deslocá-los da posição de poder, com todas as suas desigualdades, opressão, privilégios e sofrimentos; deslocá-los é cortar pela raiz a autoridade com a qual eles falam e agem no mundo e sobre ele.

Estudar a branquitude é racializar as pessoas brancas, quebrando a sua pseudocentralidade como pessoa neutra, pessoa humana sem raça. Os "outros" é que são desta ou daquela raça. No Brasil, nomear uma pessoa como branca a faz quase imediatamente entrar em estado de negação. É como se tivesse vergonha de se declarar branco e usasse falas como "mas sou pardo", "meus avós eram negros", "não sou tão branco assim" ou "no Brasil todo mundo é misturado" para se defender.

As pesquisas do IBGE sobre pertença racial são baseadas na autodeclaração, ou seja, os pesquisadores acatam as respostas que os entrevistados dão. São dados coletados por essa metodologia que fundamentam políticas públicas de reparação, como as ações afirmativas, para a população negra, que sofreu um processo de privação de direitos e merece reparação pelo que o Estado lhe fez no período da escravidão e da pós-escravidão.

As cotas raciais não existem só por causa da dívida histórica, mas por toda a construção do Brasil. E também são um mecanismo de tornar socialmente aceitável a presença do negro em determinados espaços, porque isso faz com que as próximas gerações se enxerguem naqueles lugares. São medidas pontuais que não estão só baseadas no passado, mas também na percepção de que é melhor termos uma sociedade mais diversa, combatendo assim a desigualdade e gerando mais equidade.

Pessoas negras de pele clara têm mais passabilidade, isso é um fato. Por outro lado, muitas vezes, se encontram nesse limbo, nesse não lugar que é o "pardo", enquanto pessoas negras retintas nunca terão sua negritude questionada.

A gente precisa aprofundar a discussão sobre colorismo e trazê-la para os contextos brasileiro e da América Latina. Bebemos muito da fonte estadunidense — que inclusive cunhou o termo "colorismo", o mais utilizado até então — e acabamos esquecendo de trazer o debate para a realidade latino-americana, que é onde a gente mais se encaixa.

Quando pesquisamos colorismo na América Latina, encontramos em artigo de Jimmy Alfonso Sanchez Perez o conceito "pigmentocracia", cujos primeiros registros acadêmicos são encontrados na obra do fisiologista chileno Alejandro Lipschutz. Segundo Perez:

> A pigmentação da pele e/ou origem étnica serviu como desculpa para legitimar a dominação sobre indivíduos ou grupos humanos. Dessa forma pode-se observar uma relação clara entre pessoas com traços fenotípicos diferentes e adoção de condutas ideologicamente justificadas para uso de força com os "outros" considerados inferiores, privando-os do direito à igualdade, à não dominação e à não discriminação racial.

No livro *Os negros da América Latina*, o afro-americano Henry Louis Gates Jr. aborda o tema das denominações raciais em países como México, Peru, República Dominicana, Haiti e Cuba. Segundo ele, no Brasil já foram declaradas mais de 130 cores diferentes, o que reflete não só a grande mistura de raças, mas a tentativa de pessoas negras se eximirem da negritude. A pessoa diz que é qualquer coisa, mas não diz "negro". Recentemente surgiu o termo "afro-bege", que tem sido adotado por algumas pessoas que estão começando a entender e estudar as relações raciais agora e talvez não se deem conta de que, ao se declararem afro-beges, estão se declarando pardas, ou seja, estão se excluindo da negritude.

Vale lembrar que pessoas negras conscientes passaram os últimos anos reforçando a ideia de que é prejudicial usar denominações raciais diferentes de "negro". Empregar termos como "mulata" ou "moreninho" só demonstra o esforço para não ser considerado negro, estabelecendo uma escala de mais ou menos negro, ou seja, a escala da miscigenação com vistas ao embranquecimento.

Todas essas discussões perpassam os locais de afeto, mas na essência são políticas, de autoafirmação enquanto sujeito. Ao se declarar uma pessoa negra de pele clara, você está dizendo em primeiro lugar o que você é, negro, e em seguida assumindo a sua possível ascendência branca. Dessa forma, está indo contra o discurso vigente sobre toda pessoa negra ser marginalizada, toda pessoa negra ser feia, ser relegada aos piores locais. Você está se denominando negro com um orgulho que, até pouco tempo, sua mãe e seu pai não puderam sentir. Ao se autodeclarar negra você ressignifica o ser negro a partir do orgulho.

Se depois de tudo o que já foi pesquisado e modificado pelos estudos das relações raciais ainda são usados termos como "afro-bege" para deslocar as pessoas negras de pele clara para o não lugar, é porque ainda precisamos reforçar a luta de muitas pessoas negras que vieram antes de nós e buscaram o fortalecimento do povo negro.

Muitas pessoas negras de pele clara, que sempre se souberam negras mas não se declaravam assim para garantir maior passabilidade entre a branquitude, hoje se sentem confortáveis e orgulhosas em se dizer negras. E isso se deve principalmente à amplitude das discussões e dos estudos sobre a negritude, que mostraram a legitimidade das pessoas negras de pele clara. Por outro lado, o termo "pardo" continuou abrindo espaço para muitos retrocessos, como a autodeclaração falsa de pessoas brancas, lidas socialmente como pessoas brancas, que passaram a vida inteira desfrutando das benesses e dos privilégios que a branquitude lhe conferia e só lembram que carregam uma parte negra dentro de si para acessar as políticas de cotas, por exemplo. Trazer antepassados negros de terceira, quarta geração para justificar uma possível negritude não se aplica, pois se fosse assim pessoas negras retintas também poderiam resgatar um bisavô ou uma bisavó branca e se declarar brancas.

Pessoas mal-intencionadas, desonestas e sem qualquer embasamento levam o debate do colorismo para as redes sociais e o usam como justificativa para atacar pessoas negras. Quem trabalha com mídia e publicidade sabe o quanto o colorismo é usado para segregar. Marcas preferem usar mulheres negras de pele clara, com "traços mais finos" e cabelos cacheados em suas campanhas, ou seja, privilegiam pessoas com mais passabilidade, em detrimento de pessoas negras retintas. Mas entender que o colorismo é um braço do racismo e que, sim, segrega, não pode ser desculpa para tirar de pessoas negras de pele clara o orgulho de serem negras, uma conquista recente, e não faz o menor sentido regredir quanto a isso, como se sua demora em se reconhecer como negro fosse uma questão pessoal: "Você não se via como negra por conta do colorismo". Ela não se via como negra por conta, sim, da tentativa de se eximir da negritude, mas principalmente por conta do racismo que implantou no Brasil um sistema eugenista de embranquecimento, de clareamento da população. Então se a pessoa não se via como negra não era porque ela não queria, mas porque ninguém queria.

O debate sobre colorismo é importante porque nos afeta enquanto pessoas negras, e vemos que foi para um caminho totalmente equivocado de exclusão de pessoas negras de pele clara que estavam no processo de ter orgulho da sua cultura, ter orgulho da sua raça, ter orgulho do seu cabelo — e aqui vale uma observação: não estamos falando que toda pessoa que passou pelo processo de transição capilar necessariamente seja uma pessoa negra. Existem pessoas brancas que passam pela transição, assumem seu cabelo natural e continuam sendo o que sempre foram: brancas. O processo de transição capilar abriu a mente de muitas meninas negras para determinadas discussões das quais elas se eximiam por não conseguirem se ver como pessoas negras.

Estamos em 2022, sob um (des)governo pautado pela política da morte, do deixar morrer, um governo que se orgulha de propagar a falácia do "somos todos iguais", "somos todos miscigenados". Um (des)governo que tentou acabar com o censo — palavra que vem do latim *census* e quer dizer "conjunto dos dados estatísticos dos habitantes de uma cidade, província, estado, nação". Sem censo não é possível mensurar os furos de cobertura da assistência social no Brasil nem saber quantas pessoas negras existem no país. A questão é que esses dados definem o acesso, a manutenção e a criação de novas políticas públicas voltadas para a população negra. Sem censo: sem dados; sem dados: sem políticas públicas; sem políticas públicas: sem mobilidade social.

Políticas públicas vão muito além das cotas raciais. Estamos falando de genocídio. Se não sei o número de pessoas negras que vivem no país, como posso afirmar que a população negra é a que mais morre no Brasil? E se a população negra não for a que mais morre no Brasil, não preciso fazer políticas públicas específicas para essa população. A consequência de não saber os dados é a naturalização dos assassinatos da população negra, por exemplo. Sem o recorte de raça, que é um fator determinante no país, teremos dados homogeneizados e políticas públicas idênticas para quem é negro, branco ou indígena.

A não existência do censo é a perda dos dados sobre o impacto das políticas de segurança pública na população negra; é não ter dados que meçam a entrada e a permanência de pessoas negras no ensino superior; é não ter dados para provar que mulheres negras são as que mais sofrem violência obstétrica, as que recebem menos anestesia. Foram dados colhidos e cruzados com a identificação racial que permitiram ver que as pessoas negras (de pele clara ou pele escura) são mais sujeitas à violência do Estado nos hospitais do que as brancas. Se os dados colhidos não forem cruzados com o fator raça, ficará "demonstrado" que o risco de sofrer violência estatal é o mesmo para pessoas brancas ou pessoas negras. E os melhores tratamentos continuarão reservados para as mulheres brancas, já que as negras "são mais fortes, elas aguentam".

Se não temos dados, não conseguimos mensurar o estrago que está sendo feito, acabamos colocando toda a população brasileira no mesmo território social e deixamos de enxergar que um grupo é mais vulnerável do que o outro.

Como estamos vendo, o colorismo é uma questão que impacta a oferta de políticas públicas afirmativas, a segurança pública, a saúde da mulher negra, os dados do Mapa da Violência e até a existência ou não do próximo censo IBGE. Tendo o impacto que o colorismo tem, é um desserviço enviesar o debate com afirmações falsas como "no Brasil somos todos miscigenados" ou "não existe branco no Brasil". Isso é ignorar todas as informações e dados que afirmam que a população negra, de pele escura e de pele clara, sofre de vulnerabilidade social, política e econômica.

É muito interessante a gente perceber esse movimento de afirmação da miscigenação quando mais pessoas negras conseguem acessar o ensino superior, por exemplo. E como resposta a esse acesso, o que temos é o desmonte das universidades públicas. Trazer esse discurso do orgulho miscigenado, do orgulho pardo, quando pessoas negras começam a pensar as suas origens, a trazer uma nova narrativa sobre suas histórias, a pesquisar mais sobre sua cultura, a reivindicar os direitos que elas têm, é minar toda uma luta de pessoas negras que vieram antes e que deram parte da vida para que a gente conseguisse se enxergar como pessoas potentes. Pessoas negras que não se identificam como tal não têm como lutar, não se forma uma massa de pessoas negras lutando contra o genocídio negro sem que, antes, elas se identifiquem como negras. É invisibilizar a luta antes mesmo de ela começar.

Não estamos negando que pessoas de pele mais clara tenham mais passabilidade social do que uma de pele escura. Não fingimos não ver o preterimento romântico e afetivo de mulheres negras de pele escura. Concordamos que é mau-caratismo pessoas brancas se passarem por pessoas negras, pelo motivo que for. A questão é que, ao debater o colorismo, precisamos fazê-lo de forma que não nos traga mais prejuízos do que benefícios.

A primeira vez que a gente ouviu falar de colorismo foi em 2015, num texto da Aline Djokic publicado no Blogueiras Negras. Hoje essa discussão se tornou muito mais ampla e conhecida, porque quando falamos de políticas públicas para a população negra no Brasil começamos a ver que negros de pele clara podem não estar mais sendo vistos como negros. Isso representa uma regressão no debate, quando seria hora de avançar.

Colocando em números essa regressão, temos a seguinte situação: se a soma de pretos e pardos corresponde ao contingente negro no Brasil (e atualmente esse número está acima dos 54% da população total), afirmar que pardos "não são tão negros assim" implica diminuir o percentual de participação das pessoas negras na composição da população nacional. Em vez de 54%, teremos de um lado 7,5% de pretos, e de outro 46% de pardos.

Existe também outro uso equivocado do colorismo que incide nas relações afetivas e vai minando por dentro a capacidade de somar forças. É quando o que determina se uma pessoa é negra ou não é o grau de afeto que sinto por ela. Se é minha amiga, é negra, se é um desafeto, não é. Nessa escala, pessoas com o mesmo tom de pele do rapper Mano Brown, da ativista Angela Davis ou das escritoras Ana Maria Gonçalves e Grada Kilomba, por exemplo, são consideradas não negras por pessoas que usam o colorismo para validar afetos e desafetos. O debate sobre colorismo abarca muitas questões, mas deve ser feito com cuidado para não invisibilizar a luta e a trajetória de quem veio antes da gente.

13

LEITURAS DESCOLONIZADAS

Os mais diferentes tipos de livro podem despertar o hábito da leitura. Há quem comece pelos romances de banca de jornal, tipo Júlia, Bianca e Sabrina — alô millennials, é de vocês que estamos falando. Há quem pegue gosto pela leitura na escola, desde o ensino fundamental, e siga lendo pelo resto da vida. Alguns são iniciados pela Bíblia. Outros começam na adolescência, com os juvenis, e depois vão expandindo os horizontes. Tem gente que não curte ficção nem entretenimento e prefere biografias. Gostos e preferências literárias existem aos montes.

O que não existe é idade certa para começar. Você pode tomar gosto pela leitura em qualquer fase da vida, basta não insistir em ler o que não prende a sua atenção ou não te interessa. Quando a leitura é forçada, uma barreira se cria; a pessoa bate o martelo: "Não gosto de ler" e desiste, enquanto existem dezenas de outros gêneros literários que poderiam despertar o seu interesse.

Esse afastamento sumário é um dos maiores problemas ocasionados pelo caráter obrigatório com que a leitura é introduzida na escola, e não como prazer ou exercício de imaginação. Por isso, defendemos começar pelo que você gosta. Nem sempre os clássicos são o caminho mais fácil. O seu negócio é conto erótico? Comece por aí. Curte mais ficção científica, romance água com açúcar, história em quadrinhos? Apenas comece. É assim que o hábito vai sendo criado, basta deixar a leitura fluir.

Vamos fazer um exercício de imaginação. Tente se lembrar do último livro de ficção que você leu. Quem era a autora ou o autor, quem eram os personagens principais, como eles eram, que situações viveram ao longo da história? Você se identificou com algum deles? Se ele não tiver sido descrito explicitamente, busque se lembrar da imagem que você construiu na sua cabeça: esse personagem era negro? Provavelmente a sua resposta será não.

Essa dificuldade em imaginar personagens literários como pessoas negras (a não ser que tenham sido descritos assim) mostra como o nosso imaginário social e racial é construído por uma quantidade massiva de imagens de pessoas brancas. Quando surgem pessoas negras nas obras de ficção, elas são retratadas por meio de estereótipos e descrições parciais, pouco aprofundadas, como se não fossem seres humanos inteiros.

Grada Kilomba, escritora e artista portuguesa de ascendência santomense e angolana, afirma que a descolonização passa pela produção alternativa de saberes e pela abertura de espaços para as diversas vozes das minorias. Descolonizar é encontrar e explorar formas alternativas e emancipatórias de produção, fora dos parâmetros clássicos. É escutar as narrativas que vão além da branca e europeia, é reconfigurar o poder através de outras biografias, pessoas, vozes e perspectivas alternativas.

Em *Memórias da plantação* — livro mais vendido da Festa Literária Internacional de Paraty (Flip), em 2019, ano em que

Grada Kilomba foi como convidada —, aprendemos sobre a escrita descolonizada, seja das mulheres negras, seja das indígenas e de outras pessoas deslocadas da centralidade colonizadora, eurocêntrica e hegemônica. Descobrir e priorizar a escrita de pessoas negras como nós fez com que nos víssemos como personagens nas narrativas literárias.

Priorizar escritoras e escritores negros, ler sobre personagens com quem nos identificamos nos apresentou ao sentimento de pertencimento literário. Nos permitiu sentir familiaridade com dores, angústias e alegrias de personagens ficcionais, e não só com eles, mas com a própria escrita de mulheres negras. A proposta de descolonização da Grada é uma integração entre pessoas negras, e isso está longe de ser uma fantasia ou uma utopia; descolonizar é nos aproximar do espelho, é nos ver no espelho.

A primeira vez que sentimos essa identificação foi lendo a obra da psiquiatra Neusa Santos Souza. Em *Tornar-se negro*, ela apresenta seu estudo feito a partir de entrevistas com pessoas negras em ascensão social no Brasil. Nas falas dessas pessoas é evidente o quanto o racismo afeta a psique e as relações afetivas das pessoas negras, e ao ler esses relatos a gente se identificou de forma tão profunda como nunca antes havíamos sentido lendo um livro.

Adolescentes, já tínhamos lido *O caçador de pipas*, do escritor afegão Khaled Hosseini. Nós duas havíamos devorado o livro, chorado com os personagens e já ali foi importante perceber que existiam outros imaginários distintos daqueles que consumíamos através da televisão, por exemplo, bem ocidental. Mas aquele susto não foi nada comparado ao que tivemos lendo a Neusa: aquilo era a gente falando com a gente mesma, era a nossa história em livro.

O ReNeg, grupo de estudos negros formados por jovens dos subúrbios do Rio de Janeiro, foi o primeiro coletivo negro de que fizemos parte, em 2009, e onde conhecemos o livro da Neusa. Líamos dois ou três capítulos e depois discutíamos o sentido do texto, nos aprofundando na narrativa até esgotar a discussão. Aí partíamos para a próxima leitura.

Foi o *Tornar-se negro* que nos mostrou que pessoas negras como nós podem contar histórias. Ao nos enxergar naquelas páginas, pudemos imaginar uma mulher negra como produtora de conteúdo, pudemos conhecer uma mulher negra escritora e nos percebemos pela primeira vez como pessoas negras protagonistas de nossas histórias, algo que ainda nos é negado o tempo inteiro.

Voltar nossos olhares e investir nosso tempo em escritas não colonizadas, ou seja, escritas produzidas e narradas por mulheres negras, homens negros e/ou pessoas não brancas, é uma prática efetiva de descolonização do nosso tempo, esse recurso finito. Não estamos sugerindo que você tenha uma rotina de leitura estruturada, que leia não sei quantas páginas antes de dormir, não sei quantas no café da manhã etc. O tempo investido nessa prática pode variar de acordo com as demandas e o ritmo de vida de cada um em cada momento, o importante é que quando houver tempo, ele seja investido em leituras não colonizadas.

Os livros norteiam nossa vida e entendemos que uma das formas de nos conectar com os nossos pares é compartilhar conhecimento. Nas nossas famílias, somos umas das poucas pessoas que tiveram acesso a tantos meios culturais e tantas formas de educação, e a leitura é uma delas. Acreditamos que o conhecimento não pode morrer com a gente, deve ser compartilhado com mais e mais pessoas e ajudar, como nos ajuda, a ser quem somos, por isso estamos sempre indicando livros escritos por pessoas negras.

A escrita de Conceição Evaristo, por exemplo, é visceral. *Olhos d'água* causa arrepios porque muitas das histórias contadas ali são narrativas comuns no cotidiano das pessoas periféricas. Os contos são de doer a cabeça, enchem nosso pensamento de histórias que, se não aconteceram conosco, provavelmente aconteceram com alguém próximo. Como é um livro de contos, dá para respirar entre uma história e outra. Gostamos de indicar esse livro até para quem não é muito chegado em leitura, porque são histórias curtas, envolventes e com um desfecho rápido. Para quem está tentando começar a ler, é de uma pegada mais simples do que tentar acompanhar uma história de duzentas páginas. A vantagem dos contos é que sendo curtos você pode ler entre uma atividade e outra, o que funciona bem para quem tem uma vida corrida. Livros de contos são bons para conhecer vários escritores, você não precisa ler o livro todo se não sentir familiaridade. Mas, se gostar, pode partir para livros mais extensos como romances, por exemplo. Outro livro fundamental da Conceição é o *História de leves enganos e parecenças*, outra reunião de contos e textos curtos. Só para dar um gostinho da potência de sua escrita:

> Das águas e seus mistérios muito aprendi, o maior aprendizado deles foi entender a força do silêncio. Não esqueci a fala como também não me deslembrei o gesto. Entretanto nas histórias, falas e silêncios moram juntos e às vezes um pisa no pé do outro. Silêncio e grito se trombam. Na chuva, houve quem escapou das torrentes concebendo sua própria salvação, pelo não gritar, pelo não falar, pelo não dizer.

Na edição de junho de 2019 da revista *Pernambuco*, a escritora e pesquisadora Fernanda Miranda publicou uma matéria com dados coletados em sua pesquisa de doutorado. Segundo ela, entre 1859 e 2006 foram publicados no Brasil somente onze romances de escritoras negras, onze! Esse número não se refere ao que foi escrito, mas publicado. Ou seja, existe um abismo entre a grande produção literária das mulheres negras, que nunca deixou de existir, e o interesse das editoras em publicá-la.

Na primeira parte da pesquisa, Fernanda se concentrou no período entre 1859 e 2006, quando aquelas onze obras chegaram ao público. A partir de 2006, com o lançamento de *Um defeito de cor*, de Ana Maria Gonçalves, o jogo muda, e nos treze anos que se seguem (o mapeamento foi até o outono de 2019) são lançadas dezessete narrativas ficcionais de autoras negras brasileiras. São seis livros a mais do que no primeiro levantamento, mas num tempo muitíssimo menor. Houve, portanto, um aumento visível no interesse das editoras em trazer essas narrativas para o mercado.

Os anos 2006 e 2019 são dois marcos temporais importantes para a literatura não colonizada. O primeiro, pelo sucesso alcançado pelo romance histórico *Um defeito de cor*, que na nossa modesta opinião é o mais importante para quem quer conhecer a trajetória das pessoas negras desde que deixavam o continente africano até chegar ao Brasil nas mãos do tráfico transatlântico. Ana Maria Gonçalves, autora negra, utilizou a narrativa ficcional para dar voz literária a uma personagem que narra em primeira pessoa a sua história, fazendo o leitor ouvir a fala de uma mulher negra ao longo das quase novecentas páginas do romance.

Em 2019, pela primeira vez, dos cinco autores mais vendidos na Flip, quatro eram negros e um indígena. Essa visibilidade, até então inédita, foi resultado de pressões que partiram de mulheres negras. Três anos antes, em 2016, a pesquisadora, historiadora, doutora em história e responsável pelo grupo de estudos de mulheres negras na Universidade Federal do Rio de Janeiro (UFRJ) Giovana Xavier lançou uma carta aberta à Flip. Chamando a festa de "Arraiá da branquidade", a autora questionava a pouca presença de pessoas negras, em especial mulheres, no quadro de autores. A reclamação de fato mudou a natureza do evento, que já no ano seguinte homenageou Lima Barreto e pela primeira vez incluiu diversos autores negros na programação. Em 2018, ainda, criou o espaço Casa Insubmissa de Mulheres Negras.

Para quem não tem muita ideia do tamanho desse evento literário, ele acontece uma vez por ano na cidade de Paraty, no Rio de Janeiro, em geral em julho, durante as férias escolares. A cidade fica cheia, há muito movimento ao longo dos quatro dias de palestras, leituras, encontros com escritores. É o maior evento literário do país em números, audiência, popularidade e público. Mas até 2016, simplesmente, não se convidavam escritoras negras para participar. Na carta aberta de Giovana Xavier — que aliás está publicada no livro *Você pode substituir mulheres negras como objeto de estudo por mulheres negras contando sua própria história*, que a gente recomenda que você leia — essa discrepância foi apontada para todo mundo ver.

Foi graças à grande repercussão dessa carta que *Memórias da plantação* — livro que mencionamos aqui como uma de nossas maiores referências — encabeçou a lista de mais vendidos na Flip em 2019. A obra havia sido lançada mais de dez anos antes, mas Grada Kilomba só viria a ter seu trabalho traduzido para o português em junho daquele ano.

Em segundo lugar na lista, vinha o estupendo *Fique comigo*, da nigeriana Ayobami Adebayo. A história se passa na Nigéria durante a conturbada década de 1980 e trata de uma penosa renúncia que uma mulher casada faz para manter seu casamento. Esse é o livro que já entrou para o top 10 da nossa vida.

O terceiro livro mais vendido na Flip daquele ano foi *Ideias para adiar o fim do mundo*, de Ailton Krenak. É um volume bem pequenininho, mas gigante em profundidade e relevância. É uma reunião de palestras sobre a urgência de cuidarmos e de nos responsabilizarmos pela Terra e pelos seres que nela habitam.

Em seguida, vinha o romance *Também os brancos sabem dançar*, do escritor e músico angolano Kalaf Epalanga. No livro ficamos conhecendo parte da história do kuduro, um gênero musical e também uma dança de origem angolana que recebeu influências de outros ritmos, como sungura e rap. O livro, muito bem escrito, conecta de maneira genial narrativa ficcional e música.

O quinto livro da lista era *Meu pequeno país*, do rapper e escritor nascido no Burundi Gaël Faye. A história conta como o pequeno Gabriel se vê obrigado a amadurecer de forma violenta quando, ao mesmo tempo que seus pais se separam, estoura a guerra civil em Ruanda.

A lista dos mais vendidos da Flip 2019 veio para ratificar o que a carta de Giovana Xavier pedia desde 2016, que se abrissem os ouvidos para as narrativas descolonizadas, escritas por pessoas deslocadas do autoproclamado centro da cultura, e mostrou que quando a maior festa literária do país investe em autores que não são os de sempre, eles vendem — e muito!

Mas o movimento de descolonização da leitura precisa ir além dos leitores negros. Se passamos a vida lendo autores brancos, por que o contrário também não poderia acontecer, por que brancos não leem autores não brancos? No que diz respeito especificamente à literatura negra, ainda persiste aquele estereótipo de que é uma literatura muito dolorida, que versa apenas sobre racismo e escravidão. Essa imagem é mais uma das que nos engessam naquele lugar de violência e luta, como se não pudéssemos escrever histórias que não tratam do atravessamento racial.

A escrita branca sempre foi vendida como universal e racialmente neutra, jogando para o campo do estranho, do estrangeiro, a literatura negra. É muitas vezes isso o que impede o leitor de se identificar, se enxergar no lugar dos personagens negros. Ler essas outras literaturas, as não hegemônicas, possibilita pôr a empatia em prática, ter um vislumbre do que o outro vive e sente. De quebra, é uma oportunidade de entender que a branquitude, que se pretende universal, é só mais uma raça entre tantas, mais uma vivência entre outras. Não melhor, não mais importante, apenas diferente.

Quando a gente começa a fazer essas reflexões, percebe que por ter sempre visto e sentido esse corpo como o modelo universal na literatura, acabamos tendo muito mais empatia pelo corpo branco do que pelos corpos negros. É nesse sentido que se abrir para histórias de outros corpos e se treinar a senti-los como merecedores da nossa atenção e empatia é um esforço, uma ação proposital.

Em 2018, numa das mesas que compunham a programação da Feira Literária das Periferias (Flup), Ana Maria Gonçalves contou que uma vez perguntaram por que ela só escrevia para pessoas negras, e ela respondeu:

Espera aí, está ocorrendo um grande problema. Eu não escrevo só para as pessoas negras, eu escrevo a partir da minha subjetividade, mas escrevo para as pessoas. A Clarice Lispector escreveu para as pessoas, não escreveu para as pessoas brancas.

Ao estudar a branquitude, compreendemos que as pessoas brancas também partem das suas próprias subjetividades, e não de um espaço de neutralidade. É evidente que a escrita de Clarice, autora branca, recebe mais empatia e identificação das pessoas brancas do que das negras, o que não quer dizer que ela tenha escrito só para as pessoas brancas. Clarice escreveu para pessoas, por que então Ana Maria Gonçalves teria escrito para pessoas negras?

Se a gente exercita a empatia, pode se identificar com uma escritora francesa, espanhola, portuguesa. Se a gente faz esse esforço de aproximação ao ler autoras brancas, por que não faria ao ler autoras fora do eixo eurocêntrico? Esse exercício pode e deve ser feito por todos os tipos de leitores, mesmo por pessoas negras ao ler outras pessoas negras. Afinal, não somos um monólito, existem pessoas negras que se encontram na negritude, mas pensam e divergem de diversas outras formas, inclusive no gosto literário e na maneira de narrar. Divergências não são um problema.

Em *Ideias para adiar o fim do mundo*, Ailton Krenak afirma que todas as vezes que a gente sentir que o céu está ficando muito baixo é só empurrá-lo e respirar. Algumas páginas à frente, ele continua:

Cantar, dançar e viver a experiência mágica de suspender o céu é comum em muitas tradições. Suspender o céu é ampliar o nosso horizonte; não o horizonte prospectivo, mas um existencial. É enriquecer as nossas subjetividades, que é a matéria que este tempo que nós vivemos quer consumir. Se existe uma ânsia por consumir a natureza, existe também uma por consumir subjetividade — as nossas subjetividades. Então vamos vivê-las com a liberdade que fomos capazes de inventar, não botar ela no mercado. Já que a natureza está sendo assaltada de maneira indefensável, vamos, pelo menos, ser capazes de manter as nossas subjetividades, nossas visões, nossas poéticas sobre a existência. Definitivamente não somos iguais, e é maravilhoso saber que cada um de nós que está aqui é diferente do outro, como constelações. O fato de podermos compartilhar esse espaço, de estarmos juntos viajando não significa que somos iguais; significa exatamente que somos capazes de atrair uns aos outros pelas nossas diferenças, que deveriam guiar o nosso roteiro de vida. Ter diversidade, não isso de uma humanidade com o mesmo protocolo. Porque isso até agora foi só uma maneira de homogeneizar e tirar nossa alegria de estar vivos.

Se permita conhecer outras narrativas, novas histórias, escritoras e escritores que escrevam sob um olhar que passe longe da ótica colonizada; se permita escutar as narrativas das minorias, pois elas falam, e vêm falando há muito tempo.

14

MASCULINIDADES: PRECISAMOS CONVERSAR COM OS HOMENS?

Que algumas atitudes e comportamentos masculinos são nocivos e causam feridas emocionais e psicológicas nas mulheres nós sabemos, mas será que precisamos falar com eles sobre isso? Ou será que basta fortalecer as mulheres? Na nossa opinião, falar com os homens sobre suas atitudes que nos afetam negativamente é necessário, sim, e não somente por conta das mulheres, mas porque, embora sejam os agentes desses comportamentos nocivos, os homens também são impactados diretamente com os seus resultados.

Masculinidade é um tema que aparece sempre nas redes sociais, incitando debates, mesas, palestras e artigos. Eu, Gabi, tenho orgulho de ter trazido esse tema pela primeira vez no meu canal do YouTube ainda em 2017. Logo depois fiz uma série falando sobre as questões das masculinidades com convidados como o professor de geografia Caio César e o sociólogo Túlio Custódio. Não demorou, e o tema explodiu na internet, tornando o conceito de masculinidade tóxica muito comentado e debatido.

O canal PapodeHomem foi a fundo na discussão e em 2019 lançou o documentário *O silêncio dos homens*, disponível integralmente no YouTube. Embora os realizadores sejam majoritariamente homens brancos, eles viajaram a três locais diferentes do Brasil para falar com homens diversos, de raças, etnias, idades e classes sociais diferentes, o que gerou uma pluralidade de relatos importante, ampliando a percepção de quais são os tipos de masculinidades existentes e os incômodos sentidos pelos homens.

O filme exibe alguns dados da Organização Mundial da Saúde (OMS): 83% das vítimas de homicídio e mortes por acidente são homens; eles vivem cerca de 7% menos que mulheres; suicidam-se quatro vezes mais; 17% lida com algum nível de dependência alcoólica; quando sofrem abuso sexual, homens demoram até vinte anos para contar a outra pessoa; cerca de 30% dos homens tem ejaculação precoce ou disfunção erétil; a quase totalidade (95%) da população prisional do Brasil é formada por homens, sendo a maior parte deles negros, pobres e que sofreram ausência paterna. O dado mais recente da OMS dá conta de que apenas três a cada dez homens têm o hábito de conversar com os amigos sobre seus medos e suas dúvidas. Trazendo agora alguns dados levantados pelo Atlas da Violência 2019, fica claro como é importante conversar com os homens sobre masculinidade. No Brasil são cometidos treze feminicídios por dia; só em 2017, 4936 mulheres foram assassinadas; a América Latina é a região mais letal do mundo para mulheres.

O lançamento do documentário suscitou uma série de discussões na internet e algumas críticas. Será que debater as masculinidades não seria mais uma forma de infantilizar os homens responsabilizando as mulheres pela desconstrução deles? Não deveriam eles ir atrás de informação por si próprios, para mudar seus comportamentos nocivos? Para essas mulheres, debater masculinidades era como esperar que pessoas negras eduquem as brancas sobre o racismo.

Da nossa parte, achamos que essas críticas devem ser levadas em conta, mas ao mesmo tempo consideramos que discutir masculinidades é discutir algo que afeta a sociedade como um todo e as mulheres em particular. É preciso levar em conta, ainda, que nem todos os homens desfrutam do mesmo privilégio — homens negros e homens gays, por exemplo, certamente não têm o mesmo espaço para se pensar e se conhecer que o homem branco hétero. Por mais que compreendamos que seja um peso discutir a desconstrução dos homens, sendo que a gente já discute a desconstrução racial das pessoas brancas, ainda achamos muito relevante falar de masculinidades. Não pelos homens, mas por nós mesmas, já que o comportamento nocivo de muitos deles impactam a *nossa* vida.

A gente gosta muito do conceito de compartilhar informações, de estender os conhecimentos a que tivemos acesso para as pessoas que nos cercam, incluindo os homens: nossos pais, tios, irmãos, sobrinhos, amigos e companheiros. Isso não tem nada a ver com infantilizá-los. Meninos negros são vistos como adultos desde pequenos; quando crescem e se tornam homens negros, muitos passam a ser vistos através de estereótipos negativos que tiram deles sua humanidade, como se não fossem pessoas. Será mesmo que não devemos conversar com eles sobre nossas demandas ou comportamentos que são tão prejudiciais para a gente como para eles mesmos? Para nós, faz todo sentido compartilhar com eles os conhecimentos a que temos acesso. É uma maneira de interferir na realidade e garantir que eles possam mudar de comportamento.

Um depoimento do documentário que nos emocionou muito foi o de um homem que relatou só ter se dado conta de que nunca tinha trocado nenhum tipo de afeto verbal com o pai — dito ou ouvido coisas como "Eu te amo", por exemplo — depois de participar de rodas de conversa sobre masculinidades. O impedimento social que interdita as demonstrações de afeto entre homens, em relações parentais ou não, é fruto de uma masculinidade nociva que recomenda ao homem conter, esconder os seus sentimentos. Fechados como panelas de pressão, esses afetos muitas vezes acabam explodindo lá na frente, em forma de violência e feminicídio. Eis porque a masculinidade é um problema também das mulheres.

Quando a gente põe lado a lado os números que mostram que 83% das mortes por homicídio e acidente são de homens e que, no Brasil, acontecem treze feminicídios por dia, estamos tentando mostrar que se trata de um mesmo fenômeno, mas um é o começo e outro é o fim. Se não tratamos um problema numa ponta, ele vai explodir na outra. Se esses afetos represados não explodem em forma de homens matando homens, em acidentes ou homicídios, eles vão explodir sobre nós, mulheres, filhas, namoradas, tias, irmãs, ou simplesmente mulheres andando na rua. A discussão sobre as masculinidades não se encerra no debate sobre a violência. Também o assédio é parte desse caldo, seja o assédio a uma mulher que está no transporte público, seja à própria companheira. Na nossa cultura, homens não são educados a respeitar o corpo das mulheres, só de outros homens. Que mulher nunca inventou um namorado/noivo/ marido para fugir de alguma abordagem numa festa? É absurdo, mas revela como o corpo da mulher não é respeitado por si só, mas apenas enquanto propriedade de outro.

Por mais óbvio que pareça, a gente precisa bater na tecla de que o corpo da mulher deve ser respeitado, entendido, por mais que ainda circulem entendimentos absurdos como esse. Não se pode normalizar esse tipo de fala, não podemos achar normal que o corpo feminino continue sendo visto como algo público, como objeto disponível a qualquer um no transporte público, algo que pode ser "cantado" no espaço público e que homens podem vilipendiar no espaço privado.

Infelizmente todas nós somos parte de uma cultura machista e opressora, que tem a tendência de normalizar comportamentos que inferiorizam as mulheres, comportamentos esses que partem de homens que acham tudo isso corriqueiro e banal.

Por que, mesmo sendo um assunto tão debatido hoje, alguns homens não conseguem se livrar desses comportamentos violentos e nocivos? O que explica homens agirem assim na vida íntima, enquanto conseguem manter um discurso politizado e consciente na vida pública? Por que homens não reconhecem que chantagens emocionais, discursos agressivos, xingamentos e agressões verbais, embora pareçam sutis, são também violências, assim como agressões físicas? Quando um homem tem o passado investigado, não é raro descobrir um histórico familiar de violência, um pai que agredia a mãe na presença dele, por exemplo. A violência é um ciclo que se repete.

Nossa sociedade naturaliza a violência contra qualquer corpo, até mesmo os indefesos, como crianças. Por mais estarrecedor que seja, muita gente se posicionou contrariamente à Lei da Palmada (lei nº 13010/2014) em 2014, quando foi preciso explicitar o óbvio, ou seja, que

> a criança e o adolescente têm o direito de ser educados e cuidados sem o uso de castigo físico ou de tratamento cruel

ou degradante, como formas de correção, disciplina, educação ou qualquer outro pretexto, pelos pais, pelos integrantes da família ampliada, pelos responsáveis, pelos agentes públicos executores de medidas socioeducativas ou por qualquer pessoa encarregada de cuidar deles, tratá-los, educá-los ou protegê-los.

Pessoas reclamavam com indignação e sem nenhum pudor da nova lei: "Quer dizer que o governo vai me dizer que não posso bater no meu filho?". Não, não pode, na verdade nunca pôde! A diferença é que tinha virado lei. Que sociedade é capaz de defender abertamente a agressão de um corpo sem capacidade de medir forças com um adulto com a desculpa de educar? Até quando vamos confundir educação com maus-tratos? Se podemos bater numa pessoa menor que a gente ou com menos força, então por que seremos contra o direito de bater numa mulher para educá-la? Essa lógica simples foi ignorada por muita gente que criticou a lei, e ainda é em muitos casos.

O ciclo da violência é cultural e precisa ser rompido, não importa por onde a gente comece. Conversas, debates e ações públicas sobre temas que impactam toda a sociedade são as melhores maneiras que conhecemos de mudar a realidade. Nós, mulheres negras, estamos em um movimento de fortalecimento feminino há muito tempo e sabemos o quanto demora até os reflexos dessas ações aparecerem. Como a filósofa e ativista Sueli Carneiro afirmou em uma palestra, as mulheres negras estão na vanguarda do mundo, e o que pretendemos é que os homens negros estejam com a gente. E não estamos nos referindo somente aos nossos companheiros, mas também aos nossos filhos, pais, tios, sobrinhos, irmãos, amigos.

Acreditamos na conversa franca e na ampliação de conhecimento como forma de mudar esse cenário de violência e masculinidades tóxicas, que muitas vezes começa na interdição aos próprios sentimentos dos homens. Incapazes de reconhecer, entender e nomear o que estão sentindo, não conseguem perceber a diferença entre frustração, raiva, medo, tristeza e ódio. Como não falam de sentimentos, não podem identificá-los ou nomear seus próprios afetos, de maneira que se torna quase impossível perceberem como as emoções agem sobre seu corpo e sua psique. O que começa como dificuldade de falar sobre o que sentem pode terminar como agressões e até feminicídio, numa rota ascendente de violência.

Para impedir que a violência chegue a esse ponto, é preciso que os homens se conheçam, olhem para si, compartilhem experiências de maneira franca com os amigos, entendam por que estão sentindo aquilo e qual é a melhor forma de resolverem as suas dúvidas. Por isso, defendemos que nós, mulheres, precisamos estar abertas ao diálogo — quando não arrisca nossa integridade física e moral — e à percepção de que também reproduzimos alguns comportamentos violentos e machistas, os quais precisamos reconhecer para modificar. Porque, sim, mulheres também reproduzem comportamentos violentos e machistas quando, por exemplo, cobram uma postura mais "máscula" de homens, principalmente homens negros, que reclamam de ser objetificados.

Falamos da educação das crianças e também da nossa dificuldade de lidar com o outro que de alguma forma está se abrindo, afirmamos que os homens precisam falar, mas quando eles falam sobre os seus sentimentos, nos assustamos e não sabemos como reagir. Por vezes, não sabemos acolher quando eles se mostram vulneráveis ou choram.

Pode ser raro, mas por vezes não sabemos abraçar a dor que os homens sentem. O homem começou a falar sobre os seus sentimentos, e agora? O que a gente faz? Acolhe? Aponta? Revê as nossas ações, as ações que fizeram com que ele se sentisse como está dizendo? Rever os nossos atos enquanto mulheres é entender que a violência está em uma esfera muito mais ampla, podendo ser simbólica, física, psicológica ou material. A nossa cultura é uma cultura de violência.

Há alguns anos, circulou na internet um estudo feito por uma universidade estadunidense sobre o impacto do amor no cérebro das crianças. Em duas imagens comparativas, era possível ver que o cérebro da criança amada era bem maior do que o da criança negligenciada, que também apresentava alguns problemas de desenvolvimento. A matéria focava o amor de pais e mães, e embora sirva tanto para falar de mulheres como de homens, foi neles que a gente pensou imediatamente. Ao ler aquele texto e ver as imagens, nos demos conta de como no Brasil se fala pouco dos pais e, quando se fala, é naquela perspectiva fantasiosa de que ao ver o filho pela primeira vez o cara vai se encher de amor e se tornar um pai afetuoso e paciente da noite para o dia. Como nenhum ciclo se rompe sozinho, é muito difícil que uma pessoa se torne amorosa com o filho se ela não tiver recebido algum tipo de afeto quando criança.

Se o amor não foi vivido, a pessoa precisa se esforçar para quebrar os padrões negativos que marcaram a sua vida, vai ter de treinar, em todos os relacionamentos, para expressar amor. Só assim esse homem terá condições de entregar afeto àquela criança que talvez um dia também tenha filhos. Trata-se de quebrar o ciclo da masculinidade nociva.

A mesma matéria fez a gente pensar sobre o abandono parental. Por que para alguns homens é tão normal colocar filhos no mundo e ir embora? Por que, ao decidirem não se relacionar com as mães dessas crianças, eles acabam abrindo mão também das próprias crianças, sem se dar conta de que o trauma da rejeição e do abandono poderá acompanhar seus filhos para sempre e prejudicar suas relações futuras?

Alguns homens perderam o senso do que é uma sociedade, do que é uma comunidade. Tudo o que fazemos tem impacto no outro, somos seres sociais, estamos interligados e o impacto que causamos pode voltar para nós de forma que nem imaginamos. E quando falamos de violência, precisamos entender que crianças que sofreram abandono parental dificilmente vão se livrar desse trauma em algum momento da vida.

Mas outros gestos menos radicais do que o abandono parental também ensinam a violência às crianças, a interdição de seus sentimentos. A criança está se sentindo triste, frustrada, magoada e começa a chorar. O adulto, em vez de acolher, diz: "Engole o choro!". O resultado é que além das lágrimas ela estará engolindo os sentimentos, aprendendo que expressar suas emoções é errado e passível de punição, bronca, surra. Diante disso, não é difícil entender como surge o homem que tem orgulho de dizer que não chora.

Seres humanos são afetados por sentimentos e emoções, não dá para escapar deles por muito tempo. Às vezes, é só na vida adulta que essa interdição vai explodir em forma de violência ou mesmo de dificuldades que vão afetar todos os nossos relacionamentos interpessoais.

Quando crescemos vendo a violência pautar o relacionamento entre dois adultos, podemos seguir por dois caminhos: ou fugir de qualquer tipo de violência (se a pessoa fala mais alto a gente já fica apavorada, por exemplo), ou reproduzir a mesma violência porque em algum nível vai esperar que agressões físicas ou verbais façam parte da relação, da vida e do amor.

Precisamos refletir sobre outros modelos de masculinidade e sobre o afeto como mediador de todas as relações, para que não incluam nenhum tipo de violência e nem dominação do outro.

Quando pensamos na recuperação dos homens, isto é, na possibilidade de se curar dessa interdição dos sentimentos e passar a sentir empatia por outras pessoas, nos lembramos de outro filme. Dessa vez, uma ficção baseada num massacre real que aconteceu na Noruega em 2011. Chamado *22 de julho*, o filme conta a história de um nacionalista de extrema direita que protagoniza um assassinato em massa de jovens ativistas políticos dos quais ele discordava. Mais de trinta pessoas morreram naquele dia, mas a sentença do assassino foi de sete anos. Parece muito pouco, dado o tamanho da tragédia, mas na Noruega as leis são diferentes das daqui. Lá, a cada sete anos o preso passa por uma nova avaliação para definir se precisa de mais tempo preso ou se já pode ser ressocializado. Na prisão, ele é incentivado por especialistas a refletir sobre seus atos e a buscar o perdão de suas vítimas. Uma promotora, que trabalha com agressores de mulheres, diz no filme que depois que começou a promover grupos de conversas na cadeia e a trazer para os sentenciados o entendimento de que o que eles fizeram foi errado do ponto de vista moral e também legal, a reincidência no mesmo crime entre os que deixavam a prisão regrediu de 80% para 2%. Ou seja, por meio de grupos de conversa e conscientização, a esmagadora maioria dos homens deixou de agredir mulheres.

Ou a gente acredita no potencial de mudança dos homens e investe na conversa com eles, ou vamos ser obrigadas a defender encarceramento e prisão perpétua, pois a ressocialização seria impossível. O documentário *O silêncio dos homens* mostra a importância da conversa entre eles, não só entre homens e mulheres. No momento em que percebem que suas ações estão erradas e trazem impactos negativos na vida dos mais próximos, eles precisam buscar ajuda e encontrar outros homens que queiram falar sobre isso também. Em especial, para que saibam que não estão sozinhos e possam se identificar com outros que vivem experiências parecidas. O fato de eles serem potencialmente violentos faz com que essa violência não acabe neles, mas reverbere nos seus filhos, em esposas ou companheiros, nos seus pais, que veem aquela violência se perpetuando. É através da conversa e da conscientização que conseguimos mudar as coisas, ou então assumimos que quem erra uma vez erra sempre e colocamos essas pessoas para fora da sociedade que queremos construir.

Homens brancos são facilmente perdoados pelas violências que cometem, seja no âmbito privado ou público, mas homens negros são imperdoáveis. A começar por meninos negros, que desde muito cedo são vistos como homens-feitos. Existe ainda todo um estereótipo cruelmente racista que percebe homens negros, quando não hipersexualizados, como potencialmente violentos, fadados ao erro, especialmente por mulheres brancas. Eles com frequência têm a vida destruída apenas por serem "suspeitos", enquanto homens brancos cometem crimes que não deixam nem um arranhão em suas trajetórias, vide como Hollywood recentemente tratou denúncias de abusos sexuais praticados por figurões da indústria. Reflita consigo mesma, qual foi a imagem da pessoa que lhe veio à cabeça quando falamos de estupradores e agressores de mulheres?

A psicóloga e escritora Cida Bento, em seu livro *O pacto da branquitude*, diz que existe um tratamento bastante diferenciado da Justiça para os "pobres da periferia" e para os "nobres dos Jardins". Muitas vezes são "os nobres" que buscam bodes expiatórios, em geral os homens negros de periferias, que podem ser culpabilizados, destratados e até mortos. E Cida Bento vai além, explicando que os crimes "de colarinho-branco" não exigem força física e em geral são cometidos por homens que não são jovens, nem pobres, nem periféricos, com certa influência social e anos de experiência na área do crime. Ou seja, é um perfil que com frequência escapa da punição e que, portanto, a sociedade tem dificuldade de enxergar como criminoso. Diante disso, sabemos bem como é a imagem do bandido vendida pela mídia.

A gente sabe que defender a ideia da recuperação pode soar como deixar as mulheres sozinhas em ciclos de violência. Mas não é isso, ninguém está afirmando que o homem vai parar de agredir uma mulher só porque pensou melhor sozinho em casa. Isso não acontece. O que defendemos é que esse homem tenha a oportunidade de refletir sobre maneiras de deixar de ser uma pessoa que domina os outros e se impõe de forma violenta. O que pode ajudar esses homens — assim como mulheres controladoras e ciumentas — é a terapia.

Embora já deva ter ficado claro, vamos salientar mais uma vez: a gente NÃO está dizendo que a mulher deve aceitar um homem que a agride. O que argumentamos é que esse homem não vai desaparecer nem se o relacionamento acabar. A probabilidade é que ele acabe se relacionando dessa mesma forma com outras mulheres, perpetuando o ciclo da violência. Então a questão é como interromper o ciclo e impedir que a violência impacte não só a vida dele — agente da violência —, como também suas vítimas.

O médico Eduardo Jorge disse uma vez que a base do mundo civilizado é a violência e que quem a propaga produz uma mudança tanto em quem violenta como em quem é violentado. Porque o agressor tem a sua vida impactada pela violência a que ele submete suas vítimas e conversar com outros homens sobre essa violência pode ser bastante terapêutico e trazer como resultado uma mudança de comportamento.

Isso nos faz lembrar do documentário *The Mask You Live In*, que mostra como a exposição à violência na mais tenra infância impacta meninos e jovens, e como é importante que esses futuros homens possam conversar sobre as violências que sofrem para que não a reproduzam ao crescer.

Falar de masculinidades é mais do que falar sobre violência, afinal existem homens que não batem em mulheres, mas que podem ter dificuldade de se relacionar, seja porque reproduzem o machismo e sobrecarregam suas companheiras e companheiros, seja porque não sabem lidar com os próprios sentimentos, ou nem mesmo nomeá-los. Conversar entre eles e com eles pode ajudar a transformar também essas masculinidades não violentas.

Como ativistas e comunicadoras, nós acreditamos na potência transformadora do ser humano e que isso pode ser feito através do diálogo. Conversar com os homens e facilitar que eles falem com outros homens é algo que podemos fazer para alterar uma realidade que nos atinge a todas, como mulheres e como pessoas.

SAÚDE MENTAL

15

TERAPIA E SAÚDE MENTAL

Quando falamos de saúde mental, há quem levante a bandeira de que psicoterapia é para todo mundo e há quem defenda o contrário. Mas o objetivo da terapia é ajudar as pessoas a lidar com seus problemas psicológicos e suas dificuldades emocionais, e pode ajudar também a dar fim e/ou controlar os sintomas que causam sofrimento psíquico.

Como terapia não é receita de bolo, nem sempre vai dar certo logo de cara. Você pode demorar até encontrar um terapeuta com que se dê bem, e também vale lembrar que todo esse processo de mexer com temas doloridos não é nada confortável. É papel da terapeuta provocar você a sair do seu lugar de conforto e propor muitas questões, mais do que fornecer respostas. Na verdade, se você encontrar uma profissional de saúde mental que prometa responder a todas as suas questões, fuja!

Cada tipo de pessoa responde melhor a um tipo de processo terapêutico. Temos a psicanálise, a terapia junguiana, lacaniana, cognitivo-construtivista, analítico-comportamental, cognitivo-comportamental, gestalt-terapia, o psicodrama. Dia desses lemos em algum lugar que essa ideia de que todo mundo precisa fazer terapia é muito elitista, porque às vezes o problema pelo qual a pessoa está passando não pode ser resolvido por um terapeuta ou um profissional da saúde mental. Às vezes o problema é dinheiro, ou saúde, às vezes é um familiar doente, ou falta de moradia e de emprego. Após ficarmos debatendo sobre esse raciocínio, chegamos à conclusão de que embora a terapia não vá sanar nenhum desses problemas, ela vai auxiliar a pessoa a procurar o melhor caminho. E em todo caso a terapia não agrava nenhum deles.

Eu, Karina, era muito resistente à ideia, mas depois de alguns anos com uma profissional qualificada ao meu lado, posso afirmar que estou cada vez mais aprendendo sobre os processos pelos quais passei e ainda passo na vida. Agora vejo o tratamento com outros olhos.

Aliás, nós duas somos pessoas que acreditam na mudança, que percebem os próprios movimentos e não têm medo de falar sobre mudanças de discurso e pensamento. A gente muda muito de opinião, e tudo bem. Estranho seria se tivéssemos muitas certezas. Tirando nossas noções de ética, valores e de moral, que são inegociáveis, estamos dispostas a aprender, mudar e repensar todas as outras questões. É por isso que temos dificuldade com a severidade das certezas. Nosso objetivo não é sermos perfeitas, mas buscar sermos melhores do que éramos antes — e é justamente esse processo que a terapia facilita.

A terapia pode nos levar a pôr em xeque verdades que tínhamos como absolutas, e esse não é um processo agradável. Às vezes a profissional que te acompanha pode levantar questões das quais você nem tinha consciência e que mexem com coisas muito incômodas. Por mais dolorido que seja, é um processo supernecessário para curar traumas, entender o porquê de certos comportamentos e provocar transformações necessárias. O processo terapêutico não tem nada de comodismo ou pacificação; trata-se de uma aprendizagem que dá a oportunidade de olhar para dentro e se conhecer. Às vezes, com medo desse olhar para dentro, ficamos muito apegadas a coisas de fora, e a terapia nos estimula a fazer esse exercício. No livro *Talvez você deva conversar com alguém*, a psicoterapeuta estadunidense Lori Gottlieb diz:

> A terapia não fará com que todos os seus problemas desapareçam, não impedirá o desenvolvimento de outros, nem garantirá que eu sempre agirei partindo de um lugar de iluminação. Os terapeutas não realizam transplante de personalidade, apenas ajudam a aparar as arestas. [...] Em outras palavras, a terapia tem a ver com entender o indivíduo que você é. Mas parte de entender a si mesmo é desconhecer a si mesmo, abrir mão das histórias limitantes que você vem se contando sobre quem você é, de modo a não ficar aprisionado por elas, podendo viver sua vida.

Nós temos a sorte de fazer terapia com profissionais por quem sentimos profunda admiração e respeito, e que também nos respeitam. Para nós, é muito importante ter o acompanhamento de profissionais que abraçam as nossas questões enquanto mulheres negras.

Além de terapia, também já fizemos acompanhamento psiquiátrico medicamentoso e sabemos como é importante desmistificar a medicalização. Muitas pessoas têm medo de viciar nos remédios, de não conseguir viver sem eles, e por isso nem iniciam o tratamento. Outras, sentem vergonha e culpa. Vergonha de admitir que estão usando uma medicação cercada de preconceitos e culpa por recorrerem a esse tratamento, considerado "coisa de gente desequilibrada".

Pensando no quanto já avançamos desde que começamos nossos processos terapêuticos, podemos dizer que, apesar de não sair sorrindo de todas as nossas consultas — aliás já saímos chorando e já choramos durante as sessões várias e várias vezes —, apesar de saber que terapia às vezes é um processo duro, só temos uma recomendação: se tiver oportunidade, faça. Nós entendemos mesmo que é muito difícil começar, também já fomos muito resistentes, mas insistimos: se você se entregar, vai ser um verdadeiro aprendizado.

Diante da complexidade dos seres humanos não é simples aceitar as nossas limitações. Viver dói, machuca. A ajuda terapêutica não impede que a gente sinta dor, mas nos auxilia a digerir certas situações enquanto elas estão acontecendo. Muita gente acha difícil falar, se abrir para um estranho e abordar seus sentimentos. E algumas pessoas até conseguem falar sobre si numa boa, mas não compreendem nem nomeiam suas próprias emoções. Em todos os casos, a terapia só traz benefícios — pena que não seja economicamente viável para todos. Isso não quer dizer que ela vai resolver os seus problemas, mas é um meio efetivo de lidar com eles.

Conhecemos pessoas que fizeram anos de terapia e não adiantou nada, porque elas mentiam ou omitiam fatos da terapeuta. É preciso ter em mente que esse é um processo de colaboração entre as duas partes, terapeuta e paciente, e sem esse pacto a terapia não funciona.

Não fomos educados a pensar sobre nossos sentimentos, a compreender as relações entre certos acontecimentos da nossa vida cotidiana. Com frequência, confundimos os sentimentos: raiva se parece com tristeza, tédio se mistura com apatia e algumas emoções são transformadas em vontade de comer, beber, comprar. Desde criança a gente tem dificuldade de entender de que forma cada emoção reverbera na nossa vida, quais são os nomes de cada uma delas, e esse desconhecimento profundo nos leva a lidar muito pouco com a nossa afetividade.

Talvez por isso existam alguns livros para crianças que abordam esse tema. Um deles, chamado *Emocionário*, de Cristina Núñez Pereira e Rafael R. Valcárcel, é, como o título já diz, um dicionário de emoções. Além de explicar em que consiste cada emoção e como podemos nomeá-las, as ilustrações ainda tornam o mergulho nesse tema mais leve e atraente para os pequenos leitores. Se quando criança a gente tivesse aprendido a dar nome ao que sentia, talvez fôssemos adultas com mais facilidade em falar de emoções.

Você pode procurar terapia por conta de uma crise de depressão ou ansiedade, por exemplo, ou então iniciar o processo terapêutico antes, como forma de prevenção. Vou contar como foi a minha experiência, mas antes: **ALERTA DE GATILHO. O RELATO ABAIXO DESCREVE UMA CRISE DE ANSIEDADE.**

A primeira vez que eu, Karina, tive uma crise de ansiedade, não soube o que fazer. Senti dor de cabeça, tremedeira nas mãos, coração acelerado, falta de ar, formigamento e medo de estar morrendo. "Por que isso está acontecendo?", eu me perguntava, e mesmo que não soubesse a resposta, não tinha nenhuma dúvida de que precisava pedir ajuda. Sozinha, eu não ia dar conta. **FIM DO ALERTA DE GATILHO.**

Só muito tempo depois fui entender o que havia causado aquele episódio de ansiedade. Foi por conta dele que procurei ajuda terapêutica, mas a terapia não se encerrou com o fim das crises, continuo até hoje trabalhando minhas relações pessoais, meu autoconhecimento, meus projetos e planos de vida.

Muita gente começa a fazer terapia sem entender como funciona. A gente chega ao consultório, fica falando e a terapeuta só escuta? Como assim? No nosso caso, optamos por profissionais recomendadas por amigas, que nos contaram um pouco do que esperar. Mas é só depois que o processo começa que a gente de fato consegue saber como é o trabalho. Logo fica claro que não tem milagre e que a terapia não nos blinda de sintomas, mas nos ajuda a entender como lidar com eles e a identificar quais são os gatilhos que podem nos levar a novas crises.

Ainda falando da nossa experiência particular, que nem sempre vai ser válida para todo mundo, descobrimos que para tratar a ansiedade teríamos de operar mudanças também no nosso corpo. O tratamento nos levou a outro nível de consciência corporal, acrescentando exercícios físicos e uma alimentação mais saudável na nossa rotina, ajudando assim o nosso cérebro a produzir mais endorfina. Foi também a terapia que nos ensinou que não dá para controlar a ação do outro, mas é possível melhorar as nossas reações.

É importante chamar a atenção para o estigma que a saúde mental ainda tem. Nós tivemos muito apoio de familiares e amigos quando resolvemos buscar tratamento, e esse apoio nos surpreendeu, talvez porque esperássemos ouvir dessas pessoas os velhos clichês que cercam a saúde mental: "Terapia é coisa de rico", "Tomar remédio de tarja preta é pra gente fresca, desequilibrada", ou que não precisávamos de terapia. Precisamos ser corajosas para vencer os nossos medos, nossos próprios preconceitos e aceitar as fragilidades para pedir ajuda. Não foi nada fácil nos despir da carapaça de fortes que por muito tempo assumimos. Ser forte o tempo todo, a qualquer preço, também adoece. Ser forte o tempo todo cobra um preço muito alto: a nossa saúde mental.

É muito importante dizer em alto e bom som que somos pessoas funcionais, que têm uma vida regular e mesmo assim já tomamos medicação e até hoje fazemos terapia.

Pessoas que nunca tomaram remédios controlados podem se sentir inseguras e se questionar: "Será que eu preciso mesmo? Será que vou ficar nessa para o resto da vida?". Sabemos que existe toda uma estigmatização.

A questão aqui é decidir entre tomar as rédeas da própria vida e assumir total e irrestrita responsabilidade por ela e pela sua saúde mental, ou seguir achando que deve viver de acordo com o que as outras pessoas pensam de você.

Se você precisa, procure ajuda qualificada, procure um profissional de confiança para te auxiliar nos seus problemas, cale a voz interior que grita que terapia não é para você, que você é forte, e se permita acessar as suas fragilidades. Estabeleça uma relação de confiança com a sua terapeuta; se precisar trocar, troque até achar uma profissional que te acolha, que ouça com escuta ativa as suas questões e que respeite as suas subjetividades. Se precisar tomar medicação, não se envergonhe, nós também tomávamos e estamos aqui, juntas. Conte conosco.

16

ANSIEDADE

ALERTA DE GATILHO: ESTE TEXTO CONTÉM DESCRIÇÕES DE CRISES DE ANSIEDADE E PÂNICO.

Abordar temas relacionados à saúde mental e os impactos que esses sofrimentos causam na vida das pessoas requer muito tato e sensibilidade, pede que deixemos os nossos achismos e julgamentos fora da conversa. Requer pesquisa, leitura e uma mente aberta para não estigmatizar e não banalizar o sofrimento do outro. Nem de nós mesmas.

Vamos explicar alguns conceitos antes de compartilhar as nossas experiências pessoais. Transtornos ou distúrbios psíquicos são condições de ordem psicológica e/ou mental que geram comprometimento da vida cotidiana de uma pessoa. Afetam o humor, o raciocínio e o comportamento. Essas alterações mentais são tratadas por psicólogos e psiquiatras. Os transtornos mais comuns são: depressão, ansiedade, transtorno bipolar, demência, transtorno do déficit de atenção com hiperatividade (TDAH), esquizofrenia, transtorno obsessivo-compulsivo, autismo e estresse pós-traumático.

Segundo a OMS, a ansiedade atinge mais de 260 milhões de pessoas, e o Brasil é o país com o maior número de pessoas ansiosas: 9,3% da população sofre desse mal. A ansiedade categorizada como transtorno é diferente daquele sentimento cotidiano que antecede um encontro com o crush, uma prova, uma entrevista de emprego ou aquele frio na barriga antes de uma D. R., por exemplo. É normal e até saudável ficar nervoso nesses casos. A ansiedade é um instinto natural que nos prepara para situações de estresse. O problema é quando demoramos muito a sair desse modo, que começa a se manifestar em sintomas físicos, causa pensamentos intrusivos que dominam a nossa mente e chegam a atrapalhar nossa rotina. Às vezes, nem sequer conseguimos identificar o motivo.

Embora haja bastante informação disponível na internet e em outros meios, pode ser surpreendente descobrir que você está tendo uma crise de ansiedade. Ao menos para mim, Karina, foi. Era final de dezembro de 2019 quando de forma abrupta e inesperada surgiram os primeiros sintomas. Meus batimentos cardíacos aceleraram, a respiração ficou irregular, um medo intenso e impreciso me paralisava, comecei a tremer, minhas mãos ficaram suadas, achei que estava tendo um ataque cardíaco. Ao procurar ajuda, fui diagnosticada por duas profissionais: uma psicóloga e logo depois uma psiquiatra.

Poucos meses mais tarde, tive um novo ataque de pânico. Senti novamente todos aqueles sintomas, mas dessa vez tive também travamento das mãos e dos pés, dormência no rosto e dificuldade de falar que me deixou paralisada. Meu corpo estava reagindo de forma totalmente dissociada do mundo externo, não parecia estar reagindo a nada específico, não tinha nada de especial acontecendo. Foi desesperador. Percebi os sintomas chegando, mas não deu tempo de processar todas aquelas informações me atingindo ao mesmo tempo, era como seu eu estivesse explodindo e ninguém ao redor percebesse.

Não sou a única do nosso círculo de amigas que já teve crises de ansiedade. Mais de uma vez ouvi relatos de como outras pessoas se sentiram ao passar por isso, mas quando aconteceu eu não identifiquei, não percebi que era isso o que estava acontecendo. Há uma diferença absurda entre ouvir falar e viver a crise, tanto que eu mesma já disse para alguém nessa situação coisas como: "Calma, respira" e clichês que só mostram o tamanho da incompreensão de quem está de fora. No meio de uma crise de pânico, tudo o que a gente não consegue fazer é respirar.

É uma experiência desesperadora. Mesmo sabendo que não estamos feridas, não fomos atingidas por uma bala perdida, não sofremos nenhuma agressão física, o nosso corpo reage como se estivéssemos em perigo. Por mais que seja algo passageiro, é terrível demais perder o controle sobre o próprio corpo. Racionalmente, sabemos que é a nossa mente dando feedbacks falsos e nos convencendo de que estamos enfrentando uma batalha de vida ou morte, mas quando a gente olha e se dá conta de que não há nada acontecendo e que é impossível resolver aquilo — lutar contra o quê, contra quem, lutar como, se o nosso corpo está paralisado? —, a nossa racionalidade dá um nó e tudo o que nos sobra é o medo.

A terapia ajuda a controlar e mesmo diminuir a frequência das crises; pode até fazê-las desaparecer. Mas para isso é preciso ter coragem de dar esse passo e procurar ajuda. Coragem, sim, porque olhar para dentro exige bravura, não é fácil mexer em certos assuntos, relembrar acontecimentos, narrar fatos que doem até hoje. Pode ser que você tivesse outros planos para a sua vida, que não estivesse pensando em começar uma terapia agora, mas a vida não liga para isso. A vida se impõe, como a água que abre caminho pelas pedras.

Na terapia a gente identifica quais são os gatilhos que desencadeiam nossas crises, que fatos podem ter nos levado a sentir ansiedade. Mudar de casa ou de emprego, perder um ente querido, terminar uma relação — são muitas as situações que têm potencial de nos deixar sob forte estresse, e o luto é uma das principais.

Luto não tem a ver só com morte. Pode estar ligado a qualquer perda, como essas de que a gente acabou de falar. Não importa o que ficou para trás, para passar bem pelo luto pode ser necessário viver cada uma das suas cinco etapas: negação, raiva, barganha, depressão e aceitação. Um luto mal processado muitas vezes é o que está por trás de manifestações tão dolorosas como as crises de ansiedade. E era o que estava por trás das nossas.

Quando fomos atrás de tratamento, as profissionais que buscamos mostraram dois caminhos possíveis. O primeiro incluía terapia, meditação, banhos de sol para estimular a produção de vitamina D, reeducação alimentar e exercícios físicos. O segundo era juntar a todo esse combo a medicação, e nesse caso seria necessário contar com o acompanhamento de mais uma profissional, a psiquiatra. Como ambas vínhamos tendo crises com muita frequência, e nos sentíamos constantemente exaustas tamanha a descarga de adrenalina que cada ataque desses produz no corpo, escolhemos o combo completo, incluindo medicação.

Decidir sobre o tratamento com remédios controlados foi para nós, e imaginamos que deva ser sempre, algo muito refletido e discutido com nossas terapeutas. Depois de muita reflexão acerca da nossa responsabilidade com a nossa vida, e não sem antes quebrarmos todos aqueles preconceitos, escolhemos fazer de tudo ao nosso alcance para nos livrarmos da ansiedade.

No nosso caso, os efeitos colaterais dos remédios foram muito parecidos com os sintomas da crise de ansiedade, o que nos fez voltar à psiquiatra imediatamente para verificar se estava tudo bem. Como ela respondeu que era o nosso corpo se adaptando à medicação e que era uma questão de ajustar a dosagem, ficamos mais tranquilas. Até que o remédio começou a fazer o efeito esperado e tudo ficou mais fácil.

Se por um lado tem um estigma muito forte sobre usar medicação, por outro há quem banalize essas drogas. Por isso batemos na tecla do acompanhamento médico e psicológico durante o uso. Sendo bem prescritos, os remédios podem ser bons aliados no tratamento da ansiedade. Além do mais, nem todo mundo vai precisar de medicação para sempre. Pode ser que a partir de um ponto a psiquiatra sugira o desmame do remédio, que nada mais é do que uma diminuição gradativa da dosagem até a interrupção total. Foi assim conosco, após um período tomando as medicações e já estabilizadas, fizemos o desmame e recebemos alta medicamentosa. Então, sim, é possível parar de tomar os remédios.

Da parte da psicóloga, o que ela pode fazer é aliar à terapia métodos alternativos como acupuntura, uso de ervas medicinais, ioga, nutrição holística, massagem, reiki. Algumas pessoas conseguem controlar a ansiedade só com isso. E tudo bem, desde que tenhamos consciência do que é melhor para a nossa saúde, inclusive a mental.

Precisamos lembrar também que a medicação diminui os sintomas da crise de ansiedade, mas é somente a terapia que trata as causas. Ela que faz uma investigação de toda a sua trajetória de vida para descobrir quais são os seus gatilhos e te ajudar a desarmá-los.

Então não adianta se entupir de remédios e achar que vai ficar tudo bem; para controlar as crises você precisa entender e tratar os motivos que a causaram.

Outra prática que ajuda muito no controle da ansiedade é a meditação, estimulando nossa mente a estar no agora, sem se preocupar com o passado ou com o futuro. Num mundo e num tempo que exige de nós sermos multitarefa, a meditação é muito poderosa, pois nos convida a focar totalmente a respiração, calando as vozes que ressoam na nossa cabeça.

Ansiedade, pânico e depressão são doenças que pioram muito num ambiente social de desigualdade social e racial como este em que a gente vive. É só olhar quantos de nós sofrem com esses transtornos para concluir que esse sistema violento nos deixa doentes, por isso não só podemos, mas devemos fazer uso das ferramentas disponíveis para buscar um pouco de estabilidade e bem viver em meio a esse caos.

17

O QUE REALMENTE VALE A PENA

Este texto foi escrito em pleno vigor da pandemia de covid-19, um momento complicado para toda a sociedade global, mas agravado naqueles locais em que as administrações públicas permitiram a disseminação do vírus, fazendo pouco ou nada para impedir que pessoas continuassem morrendo.

Nós perdemos muitas pessoas queridas para essa doença mesmo quando já tínhamos vacina. E isso por incompetência de um (des)governo. Fomos forçadas a passar por inúmeras perdas sozinhas, enquanto cumpríamos o isolamento social, o que gerou um sofrimento enorme, mas ao mesmo tempo nos fez avaliar o que era realmente importante e do que de fato sentíamos falta.

Foi muito difícil, mas podemos refletir e repensar sobre o nosso modelo de sociedade, podemos fazer reflexões pessoais sobre o que a gente julgava importante antes do covid-19 assolar o mundo e o que a gente acha que é imprescindível hoje.

Durante esse período, ficamos oscilando entre dois estados de espírito. Uma hora a gente vê mais solidariedade entre as pessoas, mais vontade, mais desejo e mais união com o próximo. No momento seguinte, geralmente quando consumimos mais notícias, a negatividade toma conta de tudo.

Por mais pesado que seja admitir, o mundo para o qual vamos retornar não vai ser o mesmo. A sociedade já foi modificada. Ailton Krenak, autor de *Ideias para adiar o fim do mundo*, que já citamos algumas vezes neste livro, é enfático ao afirmar que não vamos voltar para o mesmo mundo porque esse mundo não existe mais. A gente vai viver uma nova realidade. É um erro tentar voltar para o mesmo mundo que foi justamente o que nos trouxe até este momento.

O que em nós está mudando ou mudou a partir dessa experiência devastadora? De que forma a gente pode ser melhor? O que fica de lição de tudo o que a gente está passando?

Foi somente quando nos vimos privadas de sair na rua que começamos a dar valor a coisas simples, como sentir o vento batendo no rosto sem máscara, andar na rua sem medo de sermos contaminadas por qualquer pessoa que se aproxime, sentar no banco da praça. Enquanto escrevemos isto, ainda estamos em isolamento. Ele está nos cobrando um preço tão alto que até quem não é de muito contato físico está sentindo falta de abraços. Esperamos que você que está nos lendo agora já tenha podido abraçar seus familiares e amigos sem medo.

Algumas pessoas não entendem a dimensão do que estamos vivendo. Pensando que somos majoritariamente um povo afetuoso, qual será o impacto de não podermos nos tocar nem quando perdemos alguém? Os rituais de despedida, parte tão importante no processamento do luto, de repente passaram a ser restritos ou inexistentes. Uma das coisas mais tristes nesse momento é não poder visitar uma pessoa querida no hospital em seus últimos dias, não prestar homenagens a ela no velório e nem abraçar os enlutados para consolar e ser consolado. Cada um fica sozinho com sua dor.

Mesmo para quem já se acostumou à dinâmica de encontros virtuais, de aulas à distância e do home office, ter todas as interações sociais através de uma tela é uma realidade que afeta até os mais introspectivos. Com isso aprendemos a valorizar a presença do outro — de carne e osso. Às vezes, a sensação é de estarmos vivendo um filme de ficção científica. Nossa geração nunca antes passou por uma crise sanitária dessa proporção, e talvez depois desse choque de realidade a gente passe a enxergar nosso tempo e nossas relações de outra forma. A vida "normal" não pode ser aquela em que não tínhamos tempo para encontrar quem amamos ou para dedicar a nós mesmas, para refletir sobre a vida.

Fato é que quase ninguém sairá dessa sendo a mesma pessoa. A vida foi tomada pelo medo e pela insegurança de tal forma que coisas corriqueiras como ir ao mercado, esbarrar em alguém na rua e entrar num consultório médico se tornaram situações de risco. Como se o próximo fosse um inimigo, como se fosse nos contaminar, como se qualquer simples ato colocasse nossa vida em perigo. E isso é agravado pela falta de protocolos de segurança bem estabelecidos e difundidos entre a população. Então se uma pessoa com a máscara abaixo do nariz para do seu lado no corredor do mercado, a situação gera ainda mais conflito, tensão, estresse e sensação de animosidade entre as pessoas. Acabou a espontaneidade até nas saídas mais cotidianas; agora só estamos desesperadas para voltar o mais rápido possível para casa.

Pelo menos essas são as impressões de pessoas que estão tomando cuidado, preservando a sua saúde e a dos demais.

Talvez seja diferente para quem nos chama de exageradas, ou para os negacionistas que seguem vivendo como se não estivéssemos em uma pandemia. Parte desse negacionismo é reflexo das ações do atual governo, que, ao negar evidências científicas, desestimular o isolamento, o distanciamento social e o uso de máscaras, acaba negando à população brasileira o seu direito mais básico: o direito à vida. Na figura do presidente da República, a mensagem do Estado brasileiro neste momento é: voltem para a rua, vão trabalhar, não podemos parar.

Mas é das coisas que o dinheiro não pode comprar que a gente mais tem sentido falta. Dos afetos, de estar perto de quem a gente gosta, de visitar a nossa família, abraçar os amigos, sentir o calor da pele de outra pessoa. Até da rotina a gente sente falta... Vocês lembram quando dizíamos assim: "Estou louca para que a sexta-feira chegue logo", e agora os dias são todos iguais, sem o tão aguardado fim de semana para nos motivar. Tudo que queremos é voltar a ter uma rotina. Voltar a ter coisas pelas quais, antes da pandemia, a gente não precisava batalhar. Poder abraçar, poder compartilhar afeto.

É tempo de repensar também o consumo. Perceber que, nos primeiros dias da quarentena, só saímos de casa para comprar aquilo de que precisávamos mesmo: comida, itens de higiene. As compras por impulso pararam — uma roupa a mais, um par de sapatos novos, outra bolsa, mais maquiagem... pra quê? Agora a gente tem a oportunidade de pensar sobre aquele antigo estilo de vida, será que a gente podia mesmo dispor daquele dinheiro?

Estamos vivendo um momento em que o futuro está ainda mais incerto do que já era e talvez por isso estejamos mais focadas no que o dinheiro não pode comprar, como as amizades. Desde que o isolamento começou, temos combinado encontros virtuais para bater papo ou jogar com os amigos, dar risada e desviar um pouco do assunto da pandemia. Temos telefonado mais para os nossos pais. E também temos sentido muita falta de coisas singelas como correr ao ar livre, tomar um banho de mar, comer biscoito Globo e tomar um mate na praia, ir a uma roda de samba, ouvir o som bem grave e sambar até suar, dançar um forró agarradinho, almoçar em família no fim de semana, abraçar e beijar nossos pais, sentir a grama do Aterro do Flamengo nos pés, tomar sorvete num dia de sol, pedalar, andar de patins, estender uma toalha e fazer um piquenique no parque, gargalhar em grupo até doer a barriga. Resumindo, a gente tem sentido falta de tudo o que a gente gosta, do que está no campo dos afetos acolhedores.

Nesses tempos de contenção e perdas, não sentimos falta do que nos faz mal. O ódio ou a raiva, por exemplo, são afetos que ficam de lado nessa hora. Deletamos da nossa convivência as pessoas que nos fizeram algum mal ou que a gente não suporta e focamos só quem nos agrada e acolhe.

A música tem funcionado para nós como uma excelente válvula de escape. Temos ouvido muito mais canções do que antes e algumas nos tocam de maneira muito profunda, falando diretamente do nosso momento.

É o caso do rap "Principia", do Emicida, que termina com versos muito potentes do pastor Henrique Vieira. O poema fala de amor, mas não de amor romântico, e sim do sentimento que sustenta e movimenta a nossa vida, que promove o afeto, que nos dá esperança de que as coisas podem mudar. Vamos transcrevê-lo aqui para que mesmo quem nunca ouviu a música entenda por que a letra fala tão de perto com a gente neste momento difícil:

Vejo a vida passar num instante
Será tempo o bastante que tenho pra viver?
Não sei, não posso saber
Quem segura o dia de amanhã na mão?
Não há quem possa acrescentar um milímetro a cada estação
Então, será tudo em vão? Banal? Sem razão?
Seria... Sim, seria se não fosse o amor
O amor cuida com carinho
Respira o outro, cria o elo
No vínculo de todas as cores
Dizem que o amor é amarelo.
É certo na incerteza
Socorro no meio da correnteza
Tão simples como um grão de areia,
Confunde os poderosos a cada momento
O amor é decisão, atitude
Muito mais que sentimento
Alento, fogueira, amanhecer.
O amor perdoa o imperdoável
Resgata dignidade do ser
É espiritual
Tão carnal quanto angelical
Não tá no dogma ou preso numa religião
É tão antigo quanto a eternidade
Amor é espiritualidade
Latente, potente, preto, poesia
Um ombro na noite quieta
Um colo para começar o dia.

Filho, abrace sua mãe
Pai, perdoe seu filho
Paz é reparação
Fruto de paz
Paz não se constrói com tiro
Mas eu miro, de frente
A minha fragilidade
Eu não tenho a bolha da proteção
Queria eu guardar tudo que amo
No castelo da minha imaginação
Mas eu vejo a vida passar num instante
Será tempo o bastante que tenho para viver?
Eu não sei, eu não posso saber
Mas enquanto houver amor, eu mudarei o curso da vida
Farei um altar para comunhão
Nele, eu serei um com o mundo até ver o ubuntu da emancipação
Porque eu descobri o segredo que me faz humano
Já não está mais perdido o elo
O amor é o segredo de tudo
E eu pinto tudo em amarelo

Que possamos nos compadecer com o outro pela linguagem do amor, esse que compartilha, que junta, que dá esperança. E que possamos sair mais fortes de tudo o que estamos vivendo agora, ao nos darmos conta do que realmente nos faz falta: os afetos, as trocas, a presença do outro. É disso que temos fome.

18

ROMPENDO CICLOS FAMILIARES

Como romper ciclos familiares nocivos? Como ressignificar os traumas por que passamos, sabendo que nossos pais também viveram esses traumas?

Num episódio do programa *Red Table Talk* — apresentado por Jada Pinkett Smith, sua mãe, Adrienne Banfield-Norris, e sua filha, Willow Smith —, o rapper estadunidense Common contou quais estratégias usou para romper o ciclo de violência na família. Ao se dar conta de que estava sendo violento com os filhos da mesma forma como seus pais foram com ele na infância, buscou conscientemente pôr em prática mudanças comportamentais que o impedissem de agir assim.

Em geral, pessoas que apanharam ou sofreram violência psicológica dos pais na infância crescem revoltadas. Isso quando identificam o abuso de poder dos pais, que de tão comum muitas vezes não é percebido como violência. Mas ter consciência de que viveu algo nocivo não impede que a pessoa repita a mesma conduta com os próprios filhos, então como quebrar esse ciclo?

Sabemos que algumas manifestações biológicas têm raízes genéticas ou hereditárias, o que torna mais difícil para algumas pessoas romper com determinados ciclos que levam à violência. O caso do alcoolismo é um bom exemplo; pessoas com parentes próximos alcoolistas têm mais chances de desenvolver alcoolismo. Quebrar esse ciclo envolve muito mais do que força de vontade e estratégias. Em alguns casos, é necessário fazer uma intervenção médica.

Existe quem, tendo consciência do histórico familiar, não queira se arriscar e pratique a abstenção total, recusando até mesmo o uso social do álcool. Nem todo mundo que bebe se torna violento, mas em alguns casos existe esse nexo causal, e para romper o ciclo de violência é necessário romper junto o ciclo da dependência.

Há pessoas na idade adulta que não sabem demonstrar afeto, tendo sido endurecidas pela vida ou que precisaram endurecer para sobreviver. Quem teve a infância marcada por qualquer tipo de violência, seja perpetrada por membros da família, seja por pessoas sem função parental mas que conviveram no espaço doméstico (relações intrafamiliares), frequentemente carrega traumas para a vida adulta e pode repetir os mesmos comportamentos. Esses traumas impactam a vida emocional, social, sexual, cognitiva e comportamental das vítimas de violência. E vale lembrar que a violência pode ser física, verbal e emocional, em forma de agressão, domínio e/ou controle. Pode vir como insultos, desvalorização, chantagem emocional e humilhação. Crianças que crescem em ambientes assim convivem diariamente com inseguranças, medo e constrangimento. Submetidas a esse padrão de vida, podem, ao crescer, desenvolver modelos de comportamento semelhantes aos que presenciou como vítima ou testemunha e ter a autoestima minada para o resto da vida.

Ter presenciado violência na infância pode deixar uma pessoa adulta extremamente angustiada ao menor indício de agressividade, como briga ou gritos, por exemplo. Essas memórias dolorosas podem se manifestar inclusive por sintomas físicos como dor no peito, dor de cabeça, paralisia muscular e sensação de impotência.

Precisamos exercer a política de tolerância zero com qualquer tipo de violência, mesmo que seja muito difícil para nós fazer esse exercício, já que podemos reproduzir comportamentos como gritar, apontar o dedo e perder o controle.

No livro *Entre o mundo e eu*, o escritor Ta-Nehisi Coates fala sobre como a violência se estabeleceu dentro dos lares negros, e mesmo que o livro trate da sociedade estadunidense, podemos aplicar a lógica ao Brasil. Para o autor, a escravidão consagrou o entendimento de que a pessoa escravizada só aprende por meio do sofrimento físico. Do lado de fora, os escravizados eram açoitados, do lado de dentro, em suas próprias casas, as pessoas negras reproduziam a mesma lógica e batiam nos filhos para corrigi-los.

Acessar a nossa memória ancestral pode ser aterrador. Somos um povo que foi escravizado, viemos para cá no processo aniquilador do tráfico negreiro e, ainda hoje, fazemos coisas que refletem essa memória. Somos estimuladas a naturalizar as violências, a agir como se fosse natural, por exemplo, um adulto bater em uma criança. A jornalista Ellen Paes (@paesellen) abordou esse tema nas suas redes, dizendo que não podia educar a filha através da violência física, porque a estaria autorizando a reproduzir isso com pessoas menores.

Se a gente bate em uma criança, ensina a ela duas coisas: primeiro, que é natural uma pessoa mais forte bater numa pessoa mais fraca; segundo, que pessoas que nos amam podem usar violência física contra nós. Mas há quem ache que a autoridade deva ser mostrada pelo emprego da força física e que não bater numa criança é o mesmo que ser permissivo e deixar que ela faça o que quer.

A gente até pode ficar indignada com esse tipo de opinião ou com uma situação de violência que presencia. Mas para romper de fato com esse ciclo, precisamos ir além e desenvolver estratégias que nos protejam de repetir os mesmos comportamentos. Mudanças não são naturais, requerem ações práticas. Vou dar um exemplo: eu, Gabi, adotei uma cachorra quando ela ainda era filhote. No começo, ela quase me enlouqueceu: fez xixi e cocô em todos os cômodos da casa, destruiu uma sandália de que eu gostava, ignorou solenemente todas as minhas ordens. Algumas vezes, eu chegava em casa cansada, depois de um dia de trabalho, via a bagunça que ela tinha feito e me sentia muito, muito irritada. O impulso era de bater nela, mas espera aí: não vou bater na cachorra, porque olha o tamanho dela e olha o meu; olha a força que eu tenho! Não vou bater, vou dar um jeito de educar essa cachorra sem violência. E modéstia à parte, hoje em dia minha cachorra é famosa por ser superbem educada. O segredo foi parar antes de agir e refletir sobre minhas próprias atitudes: ela é muito menor do que eu, não posso empregar violência contra ela, seria uma covardia fazer uso dessa desproporção.

Para educar outro ser precisamos nos treinar para transformar emoções como a raiva e a frustração em atitudes não violentas. Quando conseguimos canalizar essas emoções para o diálogo, mostramos às crianças ao nosso redor que seus erros não são punidos com agressões físicas nem verbais. Para quem presenciou mães, irmãs, tias ou primas sofrerem violência doméstica, pode ser preciso muito treino para não reproduzir, de forma intrafamiliar, a mesma violência.

O poema "Aos pais que têm filhas", publicado no livro de estreia da indiana Rupi Kaur, *Outros jeitos de usar a boca*, fala sobre a continuidade do ciclo de violência:

toda vez que você
diz para sua filha
que grita com ela
por amor
você a ensina a confundir
raiva com carinho
o que parece uma boa ideia
até que ela cresce
confiando em homens violentos
porque eles são tão parecidos
com você
— aos pais que têm filhas

Quando nos autorizamos falar a linguagem da violência na frente de uma criança, estamos autorizando que ela também dialogue assim com alguém menor. Essa criança pode se tornar um adulto que acredita na violência, seja verbal ou física, como caminho único para a resolução de conflitos.

Às vezes, o ciclo que precisamos quebrar não é o da violência. As nossas famílias têm muitos problemas com gestão financeira. Já as vimos passando por muitas crises relacionadas à má ou à falta de gestão. Quando completamos dezoito anos, como todo jovem brasileiro de classe C ou D, a primeira coisa que fizemos foi um cartão de loja. Obviamente, gastamos mais do que tínhamos e ficamos com nome sujo na praça. Acredite, nós duas passamos por isso. Só aí é que nos demos conta de que estávamos reproduzindo a má gestão de recursos financeiros que presenciamos a vida toda nas nossas famílias. Percebemos que, mesmo dizendo que não gostávamos desse descontrole, acabamos seguindo o mesmo caminho. E a partir dessa conscientização mudamos de rumo, começando por anotar os gastos, guardar dinheiro, parar de comprar coisas desnecessárias.

Assim que começamos a trabalhar e a ajudar nas despesas de casa, com dezoito anos, passamos a tentar mudar a maneira como nossas mães lidavam com o dinheiro. Por exemplo: por que em vez de reservar o dinheiro para comprar o jornal todo dia, um a um, elas preferiam fazer uma dívida com o jornaleiro e pagar depois, quando recebessem? Por que será que preferiam gerir seu dinheiro de modo a estar sempre devendo, e não juntando primeiro? A gente tentava trazer clareza para o processo de gerenciamento, porque as nossas mães, como muitas outras pessoas, aprenderam que só quem ganha muito dinheiro é que pensa em como vai gastar. A questão não é o quanto você ganha, mas como você maneja esse dinheiro. O ciclo do descontrole financeiro foi outro que precisamos estudar para conseguir quebrar. Criamos algumas estratégias e, hoje, podemos dizer que elas funcionam.

Já sabemos que queremos romper os ciclos familiares negativos. Mas como criar ciclos positivos? O primeiro passo é a identificação de qual comportamento você quer mudar, o que não quer reproduzir mais. O segundo passo é criar estratégias para essa mudança, e o terceiro é treinar. Identificou e criou a estratégia? Agora treine. Não espere ter um filho ou entrar num relacionamento para fazer diferente, comece quebrando esses ciclos com seus amigos, seus sobrinhos, com a sua cachorra. Treine com quem puder, porque quando você se vir diante de uma relação mais duradoura, ou quando tiver filhos, já terá passado por outros processos e terá aprendido a identificar e equacionar suas reações. Você já saberá como o seu corpo se comporta e como pretende reagir diante de uma situação que te deixa fragilizada ou irritada — a história da cachorra que rasgava tudo mostrou para mim, Gabi, como o meu corpo tendia a reagir à irritação, por exemplo. Digamos que a sua tendência numa discussão seja gritar com a outra pessoa, xingar quem discorda de você. Para romper com esse ciclo, você precisa, primeiro, se conscientizar do seu padrão e depois criar uma estratégia para não repeti-lo. Talvez descubra que saindo para correr, para respirar e refletir você evita explodir de nervoso. Mas precisa treinar antes da situação crítica chegar.

Sabemos como pode ser difícil a relação entre mãe e filha quando há uma diferença muito grande de idade entre elas. Mães que engravidaram mais velhas tendem a estabelecer relações mais hierarquizadas com suas filhas, o conflito geracional pode acabar se tornando um fator de desunião. E que estratégias essas filhas distantes de suas mães mais velhas, com quem têm tantos conflitos, podem pôr em prática para gerar relações diferentes, mais próximas e horizontalizadas? Uma possibilidade é ir treinando estabelecer relações mais horizontalizadas, com escuta e diálogo aberto, com as irmãs mais novas, os irmãos ou mesmo sobrinhos.

Falar dos ciclos que queremos construir é também refletir sobre os ciclos que queremos manter. Eu, Karina, tive uma mãe muito generosa, a pessoa mais generosa que conheci na vida. Uma das coisas mais valiosas que ela me ensinou foi a partilhar o que tínhamos. Mesmo sendo uma família humilde, sempre dividíamos com muita gente o pouco que tínhamos. Até hoje ouço de pessoas que a conheceram que minha mãe impactou positivamente a vida delas por alguma coisa que fez, e ouvir as pessoas falarem assim da minha mãe me faz bem. Esse é um ciclo que pretendo manter, esses são laços que pretendo conservar. Aprendi com ela que somos pessoas melhores e podemos ser maiores compartilhando o pouco que temos, oferecendo algum conforto, por menor que seja, para as pessoas que precisam.

Já eu, Gabi, aprendi com minha mãe a ser justa. Quando ela contratava uma pessoa para fazer determinado serviço, por exemplo, se entendesse que a pessoa trabalhou mais do que o contratado, pagava mais, ainda que aquele dinheiro fosse fazer falta para ela depois. Minha mãe também sempre arranjava dinheiro para ajudar as pessoas, mesmo nos momentos mais difíceis; se tinha em casa, a gente dividia. Esse é um valor que aprendi com minha mãe e que pretendo continuar levando comigo.

Cuidado e carinho com o outro são ciclos que queremos manter. Nossas mães tiveram pouco estudo formal, mesmo assim (ou por isso mesmo) nos incentivaram a seguir firmes nos estudos. A educação era tão pouco familiar para elas que às vezes chegavam a trocar a palavra "faculdade" por "escola": "Como vai a escola?", elas perguntavam quando a gente já estava no ensino superior.

Eu, Karina, quando estava cursando comunicação, ganhei da minha mãe um livro, que ela conseguiu numa biblioteca comunitária. Era antigo, as páginas estavam amareladas e os conceitos muito defasados, mas o que contou para ela foi que estava escrito "Comunicação" na capa. Ela estendeu o livro para mim e disse: "Toma, filha, isso vai te ajudar na escola". Esse gesto tão bonito e singelo é o tipo de ciclo que desejo continuar fazendo girar pela vida afora.

Ter uma autoestima boa e trabalhá-la foi uma coisa que aprendemos com as nossas mães; a dar valor a pequenos momentos de autocuidado, a tirar um tempo só para si, mesmo sendo donas de casa e trabalhando como domésticas em casas de outras famílias — eram mulheres vaidosas. Aos fins de semana, minha mãe colocava uma argola dourada na orelha, uma saia longa, pintava as unhas de café com rebu, fazia comida ouvindo Jorge Aragão ou Jovelina Pérola Negra bem alto e dançava na cozinha com um copo na mão. Isso é memória afetiva, essas são lembranças que me mostram o quanto ela era simples, mas também como existia verdade nesses momentos.

Parafraseando a inspiradora Morena Mariah, um dia nós seremos os ancestrais de alguém. Até lá, o melhor a fazer é refletir sobre os ciclos que desejamos transmitir para quem vier depois de nós e ir treinando para um dia ser uma boa lembrança para as próximas gerações, como nossas mães são para a gente.

PROJETANDO FUTUROS

19

ESCREVIVÊNCIAS

Sorte a nossa ter como referência viva a grande Conceição Evaristo. É dela o conceito de *escrevivência*, que considera que a escrita nasce do cotidiano, das lembranças, da experiência de vida de quem escreve e das pessoas pretas em geral. Conceição Evaristo é uma das maiores escritoras vivas do Brasil, autora de romances, contos, poemas que revelam as condições do povo negro no país. Existe uma frase dela muito repetida e que reafirma a nossa capacidade de narrar a nossa história. Diz ela: "A nossa escrevivência não pode ser lida como história de ninar os da casa-grande, e sim para incomodá-los em seus sonos injustos".

Nós duas sempre gostamos muito de escrever. Temos lembranças do tempo em que a gente recorria à escrita para se comunicar com os nossos pais, para afastar o nervosismo e a insegurança. Escrevíamos também muitas cartas para Deus, pedindo um emprego para algum familiar, melhorias nas casas onde vivíamos. Escrevíamos diários em agendas e cartas para as amigas. Conforme fomos crescendo e amadurecendo, o hábito ficou para trás. Teve a época do Facebook, onde a gente tentava encontrar eco para as nossas insatisfações e ter a sensação de que não estávamos sozinhas. Nossas mães também tinham o hábito de escrever. Enchiam vários cadernos com receitas tiradas de programas de culinária de rádio ou tv. De um jeito ou de outro, a escrita sempre fez parte da nossa vida.

Hoje escrevemos muito menos e intercalamos a escrita em papel com a escrita em aplicativos de celular. Além de abordar as nossas subjetividades, também escrevemos sobre metas para o ano, o que queremos realizar e como tirar os sonhos do papel. Eu, Karina, anoto o que leio e assisto ao longo do ano. Quando estou na rua, sem papel e caneta à mão e quero elaborar melhor um pensamento ou guardar uma frase ou citação, recorro a aplicativos como o Keep, da Google, que funciona como um bloco de notas. Outra coisa que faço é escrever e-mails para mim mesma e programar a entrega para uma data futura. Se passo por momentos muito complicados e não vejo saída, ou mesmo quando consigo realizar um sonho que achava impossível, escrevo para me lembrar das minhas conquistas e reviver o mesmo sentimento bom daquele momento. Quando estamos no olho do furacão, é fácil esquecer dos obstáculos que já superamos, e receber um e-mail que nos lembre disso é muito prazeroso.

Escrever à mão é terapêutico e ajuda a elaborar melhor os pensamentos antes de transformá-los em ação. O segredo é a velocidade da escrita no papel, que é bem mais lenta do que a digitação, o tempo certo para refletir sobre o que queremos escrever, dizer ou fazer. A gente, por exemplo, sempre escreve antes de participar de bate-papos ou debates, para evitar dizer alguma coisa no impulso e se arrepender depois. Esse exercício faz com que as palavras fluam de forma mais tranquila e saudável e nos deixa mais seguras sobre nossas próprias opiniões e ideias.

O conceito de escrevivências não tem a ver só com escrever, mas também com ler o que outras mulheres negras escreveram. Conhecer esses livros mudou a nossa vida, porque nos permitiu conhecer vivências parecidas com as nossas e mudou a nossa percepção sobre quem produz histórias, literatura, quem escreve. Por isso, a gente não se cansa de recomendar livros escritos por mulheres negras. E mais: a gente não se cansa de recomendar também que você escreva as suas vivências. Escreva não necessariamente para virar escritora publicada — mas se quiser também pode! —, mas para elaborar melhor o que você sente e para se humanizar. Deixe um diário, registre suas memórias e percepções do mundo. Para as próximas gerações, esses escritos serão um legado importante. E quando falamos de gerações futuras, não é só nos seus filhos que estamos pensando, até porque você pode nem querer ter filhos, mas principalmente em outras pessoas negras que possam vir a ter contato com a sua escrita. Para as próximas mulheres negras, será sempre importante ter acesso aos escritos de mulheres negras.

A história oficial tende a apagar a nossa existência enquanto povo; a nossa resposta é fazer o contrário: quanto mais tentam invisibilizar o povo negro, mais a gente escreve, registra, lembra por meio da palavra escrita que estamos, estivemos e estaremos aqui. Esta é a nossa responsabilidade: ser produtoras da nossa história e da nossa memória.

Nós não temos a menor dúvida de que grande parte da nossa autonomia enquanto mulheres negras partiu do fato de que outras mulheres negras escreveram suas histórias. Ter acesso ao que elas escreveram nos fez sentir autorizadas a escrever também, a sentir o que não nos permitíamos sentir, a viver e experimentar coisas que nem imaginávamos que eram acessíveis para nós. Muito do que nos autorizamos a dizer hoje parte da memória e das escrevivências de outras mulheres negras e esse é um processo poderoso e emancipador.

Memória é um conceito muito potente e aprendemos isso com a nossa grande amiga Silvana Bahia. A memória é um espaço de disputa, é por meio dela que as versões das histórias são contadas, quem tem poder na sociedade tem a sua memória valorizada, quem não tem é apagado, relegado ao esquecimento.

Outro processo de escrita terapêutica que gostamos de exercitar é escrever a carta da vida. Você escreve pensando no que gostaria de estar experienciando, vivendo e agradecendo daqui a três, cinco ou dez anos. Você escreve agradecendo pelo seu dia e pelas conquistas, é bom você fazer uma meditação antes, para limpar a mente e projetar melhor o futuro. Tem gente que gosta de imprimir fotos e colocar imagens na carta com os lugares que gostaria de visitar, por exemplo. É como se fosse uma projeção positiva para o seu futuro, e você pode ler a carta diariamente, uma vez por mês ou sempre que precisar mentalizar o que quer realizar futuramente. Não somos pessoas religiosas, mas somos pessoas de fé, acreditamos em projeções positivas e gostamos de manter a esperança.

Quando nos vemos numa situação sobre a qual não temos controle nem ideia de quando vai acabar, fazemos uma projeção do futuro. Com isso saímos da imobilidade, porque mesmo que não possamos mudar nada no momento, conseguimos visualizar o que queremos e como podemos chegar mais perto desse objetivo, mesmo a longo prazo.

É impossível desassociar o que nós fazemos do que outras mulheres negras fizeram antes de nós. Não é por outro motivo que estamos sempre citando seus nomes e suas palavras, sejam extraídas de livros ou de suas redes sociais. Se hoje falamos e escrevemos sobre a importância de nos humanizar, de conhecer e nomear os nossos sentimentos — até mesmo nas redes sociais, em que a ilusória vida perfeita reina absoluta —, se hoje temos esse espaço, é porque aprendemos sobre isso com outras mulheres negras.

Alex Elle, escritora que citamos no começo do livro e de quem gostamos muito — editoras, traduzam os livros dessa mulher! —, fala de viver a vida na integralidade, isto é, a partir do nosso propósito, e não se comparando com os outros. O seu propósito é aquilo pelo que você vive e trabalha. Escrever as nossas escrevivências — como bem a magnífica Conceição Evaristo pontua — é uma forma de deixar legado, de nos autorizar, de construir memórias e de resistir ao apagamento da nossa história, e é também um modo de descobrir o nosso propósito.

É preciso perder o medo de escrever. O medo tem a ver com um ideal de escrita correta e dentro das normas oficiais. Escreva por escrever, para compartilhar a sua vivência, os seus sentimentos, escreva para se curar, perceba que a sua escrita pode curar outros. Lembremos da Conceição Evaristo falando da trajetória dela, que não cresceu rodeada de livros, mas de histórias e palavras. Não existe a forma certa, importante é o conteúdo, o que você põe para fora, aquilo que você sabe, que viveu e sentiu. Você pode nunca compartilhar com outra pessoa, mas só escrever já é curativo, é pôr para fora e se autorizar a estar no lugar de quem produz as próprias narrativas.

Você pode ser tímida e nunca mostrar seus escritos a ninguém, pode ser extrovertida e mostrar seus escritos a todo mundo, você pode até vir a publicar algo algum dia. Não importa o seu perfil, escreva. A escrita tem um grande potencial de cura e funciona como condutor de legado e memória. E antes que você diga que já está tarde para começar, deixe a gente dizer uma coisa: a incrível Conceição Evaristo só começou a publicar seus textos aos 44 anos. A estreia dela aconteceu em 1990, nos *Cadernos Negros*, antologias editadas pelo Coletivo Quilombhoje. Três décadas depois e com sete livros publicados, ela se tornou uma referência na literatura brasileira e na luta contra o racismo e o machismo da sociedade e da literatura. Ninguém está romantizando as circunstâncias que levaram Conceição Evaristo a ser publicada só aos 44 anos. Sabemos que se ela tivesse outra condição de vida e se não fosse uma mulher negra de origem pobre provavelmente teria sido publicada antes. O que queremos mostrar com o exemplo dela é que nunca é tarde para começar a escrever.

Coloque a sua voz no mundo, coloque a sua letra no mundo, seus escritos no mundo, se autorize a ser sujeito da sua própria história.

Escreva, mulher, escreva.

20

PROTEJA SEUS SONHOS

Sonhos são fenômenos compreendidos e explicados de maneiras distintas por cada área do conhecimento humano. Para a ciência, o sonho é uma experiência de imaginação do inconsciente. Para Freud, os sonhos noturnos são gerados na busca pela realização de um desejo reprimido. Já para a psicologia, são experiências subjetivas criadas na relação do mundo interior com o exterior e têm como função regular e equilibrar a nossa vida. Sonhar é uma forma de comunicação com o nosso inconsciente e também com o inconsciente coletivo.

E quanto ao sonho como objetivo a ser alcançado, como aquilo que nos move e impulsiona, sonho como utopia para que a gente continue caminhando?

Existem pessoas que têm os sonhos muito bem definidos e conseguem se enxergar nitidamente exercendo determinado papel no futuro. Outras, pelo contrário, sentem angústia ao pensar no que vem pela frente e dizem "não sei" quando são perguntadas sobre o que sonham para si. A falta de perspectiva pode ser resultante de limitações de tal ordem que a pessoa não consegue imaginar outras possibilidades de vida que não aquela, ou então a pessoa não consegue sonhar porque tem medo do próprio sonho, grandioso demais, ou da frustração que pode advir se o sonho não se realizar.

Muita gente acha que sonhar é viver em um mundo de ilusão, ficar fazendo projeções mirabolantes que nunca vão se realizar. Para essas pessoas, sonhos não podem ser reformados, ajustados; se não derem certo, acabou, a pessoa vai ser infeliz para o resto da vida. E não é bem assim. Dá para deixar a cabeça aberta a possíveis adaptações que permitam ao nosso sonho se realizar em parte, ou mesmo para investir em sonhos novos. Quem disse que temos que nos restringir, nos contentar ou nos definir por somente um sonho?

Esse medo de ter um sonho que, a princípio, parece muito grandioso, de projetar e não realizar, medo de sonhar para evitar se frustrar lembra muito a Síndrome da Impostora, aquela voz interna que não para de questionar: "Você não está pensando grande demais? É óbvio que você não vai conseguir realizar tudo isso, quem você pensa que é?".

Há quem sonhe em viajar pelo mundo, descobrir novas culturas, aprender outras línguas, saborear novas comidas. Há quem sonhe com um emprego, um cargo mais alto, em subir sempre mais um degrau. Há quem sonhe em comprar a casa própria, quem sonhe em dividir o lar com os amigos, quem queira gerar um bebê, há quem sonhe em adotar uma criança, há quem sonhe com o casamento tradicional. O que todos esses sonhos têm em comum? Todos são legítimos. Só quem sonha com eles sabe o poder de realização que encontrará neles. Proteger os próprios sonhos é não deixar que o julgamento alheio reprima os seus desejos mais profundos, que o pensamento e as opiniões dos outros mudem o seu sonhar, que as dificuldades do caminho limitem a sua capacidade de imaginar outras saídas.

Sabe esse brilho nos olhos que surge cada vez que você pensa no que seria a sua maior realização? Proteger o seu sonho é não deixar essa luz se apagar.

Eu, Gabi, sempre sonhei em viver em uma casa com piscina e com quintal. Por anos imaginei como essa casa seria, procurei por ela, pela casa onde queria morar. Sempre tive condições de comprar essa casa? Não, e por muito tempo quis evitar um financiamento longo. Mas nutri esse sonho, corri atrás, me organizei financeiramente e procurei maneiras de realizá-lo. Pesquisei se seria melhor mudar para uma casa com piscina de aluguel, ou talvez procurar um lugar mais afastado para conseguir um valor menor. E hoje consegui. Proteger nossos sonhos tem a ver também com pensar em alternativas.

Temos certa dificuldade de projetar um futuro distante, mas sabemos o que queremos construir durante esse tempo. Precisamos sonhar de forma abundante, a vida real já nos limita demais. Quando falamos de sonhos ajustáveis, nos referimos a ter muitos sonhos e planos, pois a vida é algo que não conseguimos controlar, ela toma caminhos, muitas vezes, completamente desconhecidos e pode nos levar a traçar rotas que nem imaginávamos.

Suponhamos que você tenha o sonho de se casar. Como vai ser se isso não acontecer? Você vai ficar infeliz para o resto da vida? Não, porque você tem outros sonhos para ir atrás, e o sonho do amor romântico pode se modificar dentro de você, pode ser que no futuro você desconstrua esse amor tradicional e se realize com outras formas de amor e de relacionamento. O importante é proteger os seus sonhos, tê-los claros na cabeça e correr atrás deles, projetando, alterando, mas sempre mantendo-os fortes.

A gente não acha que é só ter pensamentos positivos que as coisas acontecem. A gente acredita que é necessário trabalhar, planejar e criar estratégias para alcançar os seus sonhos, e isso é protegê-los. Positividade e palavras de incentivo funcionam como estímulos, mas é o seu comprometimento com os seus sonhos que fará você realizá-los.

E está tudo bem realizar alguns sonhos e ter outros frustrados, na vida adulta é assim mesmo. A gente só precisa aprender a lidar com a frustração, para não descontar nos outros nem se culpar tanto quando as coisas não dão certo. Faz parte do amadurecimento.

Mas tem uma coisa que faz os sonhos se realizarem mais rápido: quando ele é sonhado por muitas pessoas. Quando eu, Karina, escolhi fazer festa de formatura da graduação de ensino superior, por exemplo, paguei em dez vezes para ter direito à cerimônia de entrega do diploma e depois à festa. E por que fiz isso? Porque esse era um sonho compartilhado com minha mãe. Quando subi no púlpito e o meu nome foi chamado para pegar o diploma, olhei para a frente e não vi minha mãe — ela estava apoiada na parede, chorando copiosamente. Ali senti o poder de realizar um sonho que não era só meu.

Um dos nossos maiores sonhos é compartilhar com o máximo de pessoas os conhecimentos que adquirimos, seja no espaço acadêmico, em conversas com outras mulheres negras, seja em rodas de debate, em palestras ou em livros. Levar para a nossa comunidade tudo que aprendemos é tentar diminuir os muros que nos separam, fazer conexões entre as pessoas, sermos pontes.

Proteger os seus sonhos é acreditar que eles podem ser realizados, é ter esperança na sua realização e trabalhar para que eles se realizem. É jogar a Síndrome da Impostora para escanteio, é repetir quantas vezes for necessário que somos capazes, que vamos dar conta, que a opinião do outro não vai ser maior do que a nossa, nem a verdade dele vai estremecer a nossa; é seguir firme nos propósitos, projetar a fartura, projetar o nosso local não como lugar de miséria e perceber que os sonhos também são feitos para nós.

Vira e mexe nos aferramos a vozes internas que dizem que não vamos dar conta, que determinado lugar não é para nós, que estamos sonhando alto demais, que realizar um sonho está fora do nosso alcance. Sabemos bem como é muito difícil quebrar essas correntes e dar um basta nessas vozes. Mas não podemos nos esquecer de que nós *somos* os sonhos dos nossos ancestrais, nós somos a realização desse sonho. Eles foram escravizados, mas sonharam com a libertação dos seus filhos e nós somos essas projeções de liberdade realizadas.

Reconhecer isso é muito importante para percebermos que somos continuidade, não estamos inventando a roda e, principalmente, não estamos sozinhas. Somos parte de um povo poderoso e não pertencemos a esse lugar de miserabilidade e falta de oportunidade a que tentam nos prender.

Proteger os nossos sonhos e aprender a projetá-los é um exercício diário, no qual a gente pratica a crença de que eles podem se realizar e imagina esse futuro. Está na definição do sonho a importância de sonhar: são construções de nossa psique com a função de regular e equilibrar a nossa vida. Portanto, precisamos respeitar os nossos sonhos e lidar com as nossas frustrações se quisermos ser adultos maduros e conscientes.

E se quisermos ser responsáveis com o sonho dos nossos ancestrais, temos que continuar lutando pela nossa liberdade.

Angela Davis escreveu um livro para nos lembrar disso: *A liberdade é uma luta constante*, ou seja, ela não foi dada, foi conquistada pelo trabalho de muita gente antes de nós. O sonho da liberdade traz junto essa responsabilidade de nos mantermos livres e conseguir libertar outras pessoas também. A gente está falando de liberdade na sua amplitude máxima, da liberdade mental, da possibilidade de sonhar outros futuros e da possibilidade de viver na fartura.

A gente ocupou durante muito tempo um lugar de subalternidade e miserabilidade. Grande parte da população negra ainda ocupa, mas temos o compromisso de fazer com que outras pessoas consigam se libertar da mesma forma que nós conseguimos.

Vamos sonhar?

P. S.: Psiu! Deixa a gente te contar um segredo: este livro que está nas suas mãos foi um sonho que protegemos durante muito tempo. E foi com a sua ajuda que o realizamos. Obrigada!

AGRADECIMENTOS

Aaaahhh, dona Regina, este livro é pra senhora, minha mãe. Por todo o amor, por todo o cuidado, por nunca ter nos deixado faltar nada, mesmo nas dificuldades. Eu honro a senhora e me orgulho muito de ser sua filha.

Para minhas irmãs Karla e Katia, para minha irmã de alma, Kelly. Agradeço por ter vocês na minha vida.

Ao meu sobrinho/melhor amigo, Hiago Roberto.

Para as minhas amigas e amigos: Jessyca Liris, Xulia Flauzino, Letícia Santanna, Silvana Bahia, Izabella Suzart, Tuanny Medeiros, Laíse Neves, Mônica da Rocha, Marcelle Rocha, Bruno F. Duarte, Juliana Barauna, Iléia Valle, Gessica Borges, Thiago Ultra, Cheyenne Santos, Diêgo Eleutério e Pedro Bonn, obrigada por nunca terem me deixado desistir, obrigada pelos ombros, pelos ouvidos e pelas trocas. Obrigada pelas gargalhadas até chorar e pelos choros até aliviar. Obrigada pelos incentivos, pelos puxões de orelha, pelos abraços, por todas as vezes que eu achei que estava solitária e vocês me mostraram que solitude era uma escolha minha, mas que a solidão não era uma possibilidade.

Para a assessora do *Afetos* e minha mentora profissional, Egnalda Côrtes.

Para minha parceira de *Afetos* Gabi Oliveira, obrigada por ter embarcado nessa comigo e feito desse sonho realidade.

Para os ouvintes do *Afetos*, obrigada pela escuta carinhosa de cada um de vocês.

É muito bom ter o privilégio de caminhar nesta vida com vocês. ♥

Karina Vieira

Me sinto grata por participar deste projeto intitulado *Cartografia dos afetos*, um espaço seguro pensado por duas mulheres negras para colocarmos as nossas subjetividades. Me sinto grata também pelo podcast *Afetos* ter alcançado tantas pessoas que se identificam com conversas importantes, algumas vezes sérias, outras descontraídas e muitas vezes desconfortáveis.

Agora, vejo que através deste livro realizamos o sonho de alcançar também um público muito querido: o de leitoras e leitores. Além disso, podemos ampliar assuntos e mencionar de forma organizada as nossas referências.

Agradeço à Karina pela dedicação na escrita deste livro e espero que ele seja uma ótima companhia para cada leitor e leitora.

Gabi Oliveira

REFERÊNCIAS BIBLIOGRÁFICAS

22 DE JULHO. Direção: Paul Greengrass. Roteiro: Paul Greengrass, Åsne Seierstad. Estados Unidos: Scott Rudin Production, 2018. (143 min).

AMERICAN Son. Diretor: Kenny Leon. Trilha sonora: Lisbeth Scott. Roteiro: Christopher Demos-Brown. Baseado em: *American Son*, de Christopher Demos-Brown. Produção: Kenny Leon; Kristin Bernstein; Christopher Demos-Brown. Estados Unidos: Netflix, 2019. (90 min).

ARISTÓTELES. *Ética a Nicômaco*. São Paulo: Edipro, 2018.

ATLAS da violência 2019. Disponível em: <https://www.ipea.gov.br/atlasviolencia/download/19/atlas-da-violencia-2019>. Acesso em: 5 ago. 2022.

BBC. *Síndrome de Impostor: O que é e como você pode lidar com ela*. Disponível em: <https://www.bbc.com/portuguese/curiosidades-46705305>. Acesso em: 18 jul. 2022.

BENTO, Cida. O *pacto da branquitude*. Rio de Janeiro: Zahar, 2022.

BRASIL. Estatuto da Criança e do Adolescente. Lei nº 13.010, 26 de junho de 2014. Disponível em: <http://www.planalto.gov.br/ccivil_03/_ato2011-2014/2014/lei/l13010.htm> Acesso em: 5 ago. 2022.

BROWN, Brené. *Eu achava que isso só acontecia comigo: Como combater a cultura da vergonha e recuperar o poder e a coragem*. Rio de Janeiro: Sextante, 2019.

CLANCE, Rose Pauline. *The Impostor Phenomenon: Overcoming the Fear that Haunts your Success*. Atlanta: Peachtree, 1985.

COATES, Ta-Nehisi. *Entre o mundo e eu*. Rio de Janeiro: Objetiva, 2015.

CORTÊS, Natacha. "Apenas 36% das mulheres têm orgasmo durante o sexo, mostra pesquisa inédita". *Marie Clarie*, 6 set. 2018. Disponível em: <https://revistamarieclaire.globo.com/Amor-e-Sexo/noticia/2018/09/apenas-36-das-mulheres-tem-orgasmo-durante-o-sexo-mostra-pesquisa-inedita.html>. Acesso em: 18 jul. 2022.

DAVIS, Angela. *A liberdade é uma luta constante*. São Paulo: Boitempo, 2018.

DYER, Richard. *White: Essays on Race and Culture*. Londres: Routledge, 1997.

EDDO-LODGE, Reni. *Por que eu não converso mais com pessoas brancas sobre raça*. Belo Horizonte: Letramento, 2020.

EMICIDA. "Principia". Participação: pastor Henrique Vieira, pastoras do Rosário, Fabiana Cozza. In: _____. *AmarElo*. São Paulo: Laboratório Fantasma, 2019. Faixa 1 (5min5).

EVARISTO, Conceição. *História de leves enganos e parecenças*. Rio de Janeiro: Malê, 2016.

FANON, Frantz. *Pele negra, máscaras brancas*. São Paulo: Ubu, 2020.

GATES JR., Henry Louis. *Os negros na América Latina*. São Paulo: Companhia das Letras, 2014.

GELEDÉS. "Colorismo: O que é, como funciona". Disponível em: <https://www.geledes.org.br/colorismo-o-que-e-como-funciona/>. Acesso em: 1 ago. 2022.

_____. "Amando aquilo que vemos". In: Geledés, "Vivendo de amor". Disponível em: <https://www.geledes.org.br/vivendo-de-amor/>. Acesso em: 18 jul. 2022.

GOTTLIEB, Lori. *Talvez você deva conversar com alguém: Uma terapeuta, o terapeuta dela e a vida de todos nós*. São Paulo: Vestígio, 2020.

HOOKS, bell. *Olhares negros: Raça e representação*. São Paulo: Elefante, 2019.

_____. *Tudo sobre o amor: novas perspectivas*. São Paulo: Elefante, 2021.

HYPENESS. "Solidão atinge níveis de epidemia entre millennials, aponta estudo". Disponível em: <https://www.hypeness.com.br/2018/05/solidao-atinge-niveis-de-epidemia-entre-millennials-aponta-estudo/>. Acesso em: 1 ago. 2022.

KAUR, Rupi. "Aos pais que têm filhas". In: _____. *Outros jeitos de usar a boca*. São Paulo: Planeta, 2017.

KILOMBA, Grada. *Memórias da plantação: Episódios de racismo cotidiano*. Rio de Janeiro: Cobogó, 2019.

KRENAK, Ailton. *Ideias para adiar o fim do mundo*. São Paulo: Companhia das Letras, 2020.

LIMA, Bárbara dos Anjos; COLAVITTI, Fernanda. "A urgência da responsabilidade afetiva em tempos digitais". *Claudia*, 17 fev. 2020. Disponível em: <https://claudia.abril.com.br/sua-vida/a-urgencia-de-responsabilidade-afetiva-em-tempos-digitais/>. Acesso em: 8 ago. 2022.

MARIAH, Morena. "A passabilidade e a política de embranquecimento". Blog da Intrínseca. Disponível em: <https://www.intrinseca.com.br/blog/2021/06/a-passabilidade-e-a-politica-de-embranquecimento/>. Acesso em: 18 jul. 2022.

NOGUERA, Renato. *Por que amamos: O que os mitos e a filosofia têm a dizer sobre o amor*. Rio de Janeiro: HarperCollins Brasil, 2020.

O SILÊNCIO dos homens. Direção: Ian Leite e Luiza de Castro. Produção executiva: PapodeHomem e Instituto PdH. [S.l.]: Monstro Filmes, 2020. (83 min). Disponível em: <https://www.youtube.com/watch?v=NRom49UVXCE>. Acesso em: 5 ago. 2022.

OBAMA, Michelle. *Minha história*. Rio de Janeiro: Objetiva, 2018.

OLHOS azuis. Direção: Bertram Verhaag. Produção: Bertram Verhaag e Claus Strigel. Roteiro: Jane Elliott e Bertram Verhaag. Alemanha: DENKmal Filmgesellschaft, 1996. (90 min).

OLIVEIRA, Gabi; CÉSAR, Caio. "Homens negros precisam de terapia". Disponível em: <https://www.youtube.com/watch?v=uC-PVAd-GB58>. Acesso em: 1 ago. 2022.

OLIVEIRA, Gabi; CUSTÓDIO, Túlio. "Para entendermos nossos pais". Disponível em: <https://www.youtube.com/watch?v=-hkdyV7-uldQ&t= 3s>. Acesso em: 1 ago. 2022.

PASSOS, Letícia. "Pesquisa mostra que 86% dos brasileiros têm algum transtorno mental". *Veja*. Disponível em: <https://veja.abril.com.br/saude/pesquisa-indica-que-86-dos-brasileiros-tem-algum-transtorno-mental/>. Acesso em: 1 ago. 2022.

PEREIRA, Cristina Núñez; VALCÁRCEL, Rafael. R. *Emocionário: Diga o que você sente*. Rio de Janeiro: Sextante, 2018.

PEREZ, Jimmy Alfonso Sanchez. *"Pigmentocracia" y medios de comunicación en el México actual: La importancia de las representaciones socio-raciales y de clase en la televisión mexicana, 2013. Disponível em: <https://halshs.archives-ouvertes.fr/halshs-00877939/document>. Acesso em: 1 ago. 2022.

PERNAMBUCO. Recife: edição 160, jun. 2019. Disponível em: <https://suplementopernambuco.com.br/edi%C3%A7%C3%B5es-anteriores/2227-2019.html>. Acesso em: 1 ago. 2022.

PLANETA. "Solidão multiplica o risco de morrer mais cedo". Disponível em: <www.revistaplaneta.com.br/solidao-multiplica-o-risco-de-morrer-mais-cedo/>. Acesso em: 1 ago. 2022.

RACIONAIS MC'S. *A vida é desafio*. Disponível em: <https://www.youtube.com/watch?v=52NT9cSWC_8>. Acesso em: 18 jul. 2022.

RHIMES, Shonda. *O ano em que disse sim: Como dançar, ficar ao sol e ser a sua própria pessoa*. Rio de Janeiro: Best-Seller, 2016.

SANTOS, Elisama. *Conversas corajosas: Como estabelecer limites, lidar com temas difíceis e melhorar os relacionamentos através da comunicação não violenta*. Rio de Janeiro: Paz e Terra, 2021.

SCHUCMAN, Lia Vainer. *Entre o "encardido", o "branco" e o "branquíssimo": Raça, hierarquia e poder na construção da branquitude paulistana*. Disponível em: <https://www.teses.usp.br/teses/disponiveis/47/47134/tde-21052012-154521/publico/schucman_corrigida.pdf>. Acesso em: 1 ago. 2022.

SKIN. Direção e roteiro: Guy Nattiv. Estados Unidos: Maven Pictures, TUGAWOOD Pictures, Allusionist Pictures, 2019. (118 min).

SOARES, Ana Carolina. "Pesquisa da USP mostra que metade das mulheres não chega ao orgasmo". *Veja São Paulo*. Disponível em: <https://vejasp.abril.com.br/coluna/sexo-e-a-cidade/pesquisa-da-usp-mostra-que-metade-das-mulheres-nao-chega-ao-orgasmo/>. Acesso em: 18 jul. 2022.

SOUZA, Neusa Santos. *Tornar-se negro*. Rio de Janeiro: Zahar, 2021.

STUPPIELLO, Bruna. "A imagem destes 2 cérebros de bebês mostra a diferença que o amor dos pais faz". *Bebê Mamãe*. Disponível em: <https://bebemamae.com/bebe/desenvolvimento-do-bebe/a-imagem-destes-2-cerebros-de-bebes-mostra-a-diferenca-que-o-amor-dos-pais-faz>. Acesso em: 1 ago. 2022.

VAIANO, Bruno. "O experimento psicológico com bonecas que venceu a segregação racial nos EUA". *SuperInteressante*. Disponível em:

<https://super.abril.com.br/historia/o-experimento-psicologico-com-bonecas-que-venceu-a-segregacao-racial-nos-eua/>. Acesso em: 1 ago. 2022.

WALKER, Alice. "Se o presente se parece o passado, como será que o futuro se parece?". In: _____. *Em busca dos jardins de nossas mães*. Rio de Janeiro: Bazar do Tempo, 2021.

XAVIER, Giovana. "Carta aberta à Festa Literária Internacional de Paraty: Cadê as nossas escritoras negras na Flip 2016?". *Conversa de Historiadoras*. Disponível em: <https://conversadehistoriadoras.com/2016/06/27/carta-aberta-a-feira-literaria-internacional-de-parati-cade-as-nossas-escritoras-negras-na-flip-2016/>. Acesso em: 1 ago. 2022.

TIPOGRAFIA Adriane por Marconi Lima
DIAGRAMAÇÃO Osmane Garcia Filho
PAPEL Pólen Soft, Suzano S.A.
IMPRESSÃO Lis Gráfica, setembro de 2022

A marca FSC® é a garantia de que a madeira utilizada na fabricação do papel deste livro provém de florestas que foram gerenciadas de maneira ambientalmente correta, socialmente justa e economicamente viável, além de outras fontes de origem controlada.